大学生健康素养与
心理健康教育研究

王 静 张文熙 蔡娜娜 著

北方文艺出版社

哈尔滨

图书在版编目（CIP）数据

大学生健康素养与心理健康教育研究 / 王静，张文熙，蔡娜娜著 . -- 哈尔滨：北方文艺出版社，2022.4
ISBN 978-7-5317-5493-0

Ⅰ . ①大 ... Ⅱ . ①王 ... ②张 ... ③蔡 ... Ⅲ . ①大学生 - 健康教育 - 研究②大学生 - 心理健康 - 健康教育 - 研究 Ⅳ . ① G647.9 ② G444

中国版本图书馆 CIP 数据核字 (2022) 第 050392 号

大学生健康素养与心理健康教育研究

DAXUESHENG JIANKANG SUYANG YU XINLI JIANKANG JIAOYU YANJIU

作 者 / 王 静 张文熙 蔡娜娜
责任编辑 / 张 璐　　　　　　　　　封面设计 / 张顺霞

出版发行 / 北方文艺出版社　　　　　邮 编 / 150008
发行电话 / (0451) 86825533　　　　经 销 / 新华书店
地 址 / 哈尔滨市南岗区宣庆小区 1 号楼　网 址 / www.bfwy.com

印 刷 / 三河市元兴印务有限公司　　　开 本 / 710mm × 1000mm　1/ 16
字 数 / 220 千　　　　　　　　　　　印 张 / 15
版 次 / 2022 年 4 月第 1 版　　　　　印 次 / 2023 年 1 月第 2 次印刷

书 号 / ISBN 978-7-5317-5493-0　　　定 价 / 35.00 元

内容简介

　　《大学生健康素养与心理健康教育研究》是一本系统研究大学生健康教育素养和大学生心理健康教育的专著。本书在阐述健康教育相关概念的基础上，对影响健康的因素进行深入分析，并对大学生健康素养存在的问题及成因进行深入探讨。同时，本书在分析大学生心理发展特点的基础上，对影响大学生心理健康的因素进行深入分析，并从学习、生活、交际、恋爱、就业等多方面对大学生心理健康教育进行讲解，旨在为提高我国大学生健康教育水平提供理论上的指导。

目　　录

第一章　健康与健康教育

第一节　健康概述

一、健康的概念

健康的概念随着社会生产力、科学技术的发展及医学模式的转变而不断演变和完善。远古时代，社会生产力水平十分低下，与医学相关的科学技术知识非常贫乏，加之人类的认知能力和实践能力非常有限，人们对人体结构、生命活动、疾病现象的认知是非常肤浅、粗糙的。人们根据直观的医疗经验，辅以神话、宗教及巫术，认为生命是神所赐的，健康由神主宰，把疾病和灾祸看成鬼神作祟、天谴神罚，对疾病的治疗要通过有限的药物与祈求神灵的巫术。这是原始的、粗糙的健康观，但它是人类早期的医学产物，是人类艰难探索和智慧的结晶，它体现了人类的探索精神及与疾病做斗争的精神。

欧洲文艺复兴后，随着科学技术的进步，生物科学得到迅速发展，形成了疾病细菌学理论，人们认为疾病主要是由生物因素造成的，认为健康就是"身体无病、无残，体格健壮不虚弱"。这是生物医学模式时期的健康观，是建立在科学基础上的健康观。生物医学模式引导医学家注重观察和试验，从科学事实出发认识人体的生命和疾病。因此，医学家对人体的结构、生理、病理及致病因素都进行了深入的探究，关于疾病的诊断和治疗，也形成了一套行之有效的方法和技术。然而生物医学模式只注重人的生物属性而忽视人的社会属性；只注重生理功能，而忽视心理因素；只注重外界环境中的致病因素，而忽视生活方式和行为习惯的作用；只从局部的病灶出发，而忽视有机整体的相互制约。因此，这一阶段人们对健康的认识是"只见树木，不见森林"，是不全面的。

随着人们对健康内涵认识的不断深化，1948 年，世界卫生组织在制定的章程序言中指出："健康不仅是没有疾病和病痛，而且是个体在身体上和社会活动上、精神上完全保持健全的状态。"1978 年 9 月，《阿拉木图宣言》重申："健康不仅是疾病与体弱的匿迹，而且是身心健康、社会幸福的完善状态。"1990 年，世界卫生组织在有关文件中论述健康时又提出："健康包括躯体健康、心理健康、社会适应良好和道德健康。"世界卫生组织的健康定义不仅是一个医学定义，而且是一个社会学定义。这一健康概念的内涵大大超出了生物学的范畴，把人体的健康与生理、心理、社会紧密地联系了起来，这是人类在总结近代医学成就的基础上，对健康认识的一次飞跃。

二、现代健康观

现代健康观是一个"三维"健康观，对健康的认识要从以下三个方面入手。

（一）躯体健康

躯体健康的基本标志是躯体形态结构正常、发育良好、功能活动正常，机体的各个脏器、各个系统都能正常发挥其功能作用，保持机体的稳态，具有进行日常生活和社会活动的能力和充沛的精力。人是完整统一的机体，全身所有的组织、器官、系统发育状况良好是健康的基础。各器官、系统的功能活动处于良好状态则是健康的具体表现。

（二）心理健康

在一般意义上，心理健康表现为人的心理现象及其活动处于良好的状态。心理健康的内容具有社会历史性，在不同的社会条件下，在不同的历史时期，心理健康的评判标准是不同的。心理健康的基本表现可归纳为：世界观科学，人生积极向上；思维不偏执，认知功能正常；反应适度、情绪稳定，具有精神创伤康复能力；个性无畸形发展，意志品质健全；自我意识正确，自我评价适当。

（三）社会适应良好、道德健康

任何人都生存在一定的社会环境中，都与其他人发生各种关联，因此对社会环境的适应能力强、能对与他人的关系协调处理是健康的主要内容之一。一般而言，社会适应良好、道德健康表现为：人际关系协调，有社会责任感，社会角色扮演尽职，行为合乎社会规范。

健康具有连续性，从健康、疾病到生命终结，是一个逐渐变化的连续过程。健康与疾病之间，并没有一个"非此即彼"的绝对界限。健康与疾病的区别是相对的，它们之间还存在一个"中间状态"，即"亚健康"。亚健康状态是指健康状态与疾病界限很不清楚，在一个相当长的时间内，各种仪器和生化检查很难发现阳性结果，人仅仅感到躯体和精神上的不适，其后既可以发展为某种疾病，也可以仅有种种不适却不发病。在这种状态下，人既不属于健康状态，又难以发现疾病，处于健康和疾病的临界状态，即所谓亚健康状态。亚健康状态是健康和疾病相联系的中间环节。一个外表健康的人不一定真正健康，他可能正处于既不属于健康状态也不属于患病状态的亚健康或亚临床状态，包括疾病的潜伏期、慢性病的病前期和恢复期。例如，艾滋病患者在平均长达 7 年的潜伏期内，外表看起来和健康人几乎无差别。又如，患有肝癌、肺癌的患者，在相当长的时期内并无症状，一旦出现临床表现，就已是病入膏肓。由此启示人们应该定期体检，认识早发现、早治疗的重要性。

健康是一个动态的概念，健康的概念随着人类社会的发展而不断深化，世界卫生组织提出了健康的 10 项标准：①精力充沛，能从容不迫地应对日常生活和工作而不感到过分紧张；②处事乐观，态度积极，勇于承担责任；③善于休息，睡眠良好；④应变能力强，能适应环境的各种变化；⑤能抵抗普通感冒和传染病；⑥体重得当，身材匀称；⑦眼睛明亮，反应敏捷；⑧牙齿清洁无空洞、无痛感，牙龈颜色正常无出血；⑨头发有光泽，无头屑；⑩肌肉、皮肤有弹性，走路轻松有力。

世界上不存在"绝对健康的完人"，任何健康的标准都是相对的、人为的，大学生应以发展的观点加以对照。

第二节　影响健康的主要因素

一、行为和生活方式因素

（一）行为和生活方式的概念

人们自身的不良行为和不良生活方式，会给个人、群体乃至社会的健康带来直接或间接的危害，行为和生活方式因素具有潜袭性、累积性和广泛性的特点。不良行为和不良生活方式的范围十分广泛，如不合理饮食、吸烟、酗酒、久坐而不锻炼、药物依赖、驾车与乘飞机不系安全带等。世界卫生组织估算：1992年全球60％的死亡是由不良的行为和生活方式造成的。其中，发达国家有70％～80％，发展中国家有40％～50％。美国通过30年的努力，心血管疾病的死亡率下降50％，其中2/3是通过改善行为和生活方式取得的。1992年国际心脏保健学会提出的《维多利亚心脏健康宣言》指出：健康的四大基石是合理膳食、适量运动、戒烟限酒和心理平衡。这些说明行为和生活方式对健康具有举足轻重的意义。

（二）不良行为和不良生活方式影响健康的特点

（1）潜伏期长。不良行为和不良生活方式形成以后，一般要经过相当长的时间才能表现出对健康的影响和明显的致病作用。

（2）特异性差。不良行为和生活方式与疾病之间没有明确的对应关系，表现为一种不良生活方式与多种疾病和健康问题有关，而一种疾病或健康问题又与不良行为和不良生活方式中的多种因素有关。

（3）协同作用强。当多种不良行为和不良生活方式同时存在时，各因素之间能协同作用、互相加强，这种协同作用最终产生的危害将大于每一种因素单独作用之和。

（4）变易性大。不良行为和不良生活方式对健康危害的大小、发生时间的早晚存在着明显的个体差异。

（5）存在广泛。不良行为和不良生活方式广泛存在于人们的日常生活中，大多数人或多或少地具有这样或那样的不良行为和不良生活方式，其对健康的危害是广泛的。

（三）常见的几种不良行为和不良生活方式

目前，不良行为和不良生活方式引起的疾病逐步增多，如心脑血管疾病、肿瘤、糖尿病、肥胖等。与上述疾病相关的不良行为和不良生活方式主要有：A型性格、C型性格、高盐行为、吸烟、酗酒、不良的作息习惯等。

1. A型性格

A型性格的人做事节奏快、动作快，对任何事都有一种不满足感，个性好强，性情急躁，锋芒毕露，容易激动，常使自己处于紧张和压力之中。A型性格会使心脏负担加重，增加心肌耗氧量，使胆固醇、甘油三酯含量增高，加速动脉粥样硬化的形成，使人易发生冠心病、高血压、高脂血症、脑卒中及糖尿病。在现代社会中，工作风险大、生活节奏快、工作量大，从事紧张性职业、脾气急躁的人易形成A型性格。

2. C型性格

C型性格的人性格内向、行为压抑。压抑、愤怒会导致体内免疫力降低，内脏器官血流量减少，出现代谢障碍，容易使原癌基因转变为癌基因，从而诱发肿瘤。所以，C型性格的人有易发癌症的风险。

3. 高盐行为

流行病学调查显示，我国是人均食盐摄入量较多的国家之一。高盐饮食会使血压升高，引起脑血管损伤，导致脑卒中。正常人每天通过尿的排盐量约为8 g，故世界卫生组织建议成人每日食盐摄入量应少于8 g。65岁以上者因肾小球硬化，日排盐量为5 g～6 g，所以世界卫生组织规定老年人每日食盐摄入量应少于5 g。

4. 吸烟

烟叶燃烧时产生的气体含有上千种有害物质，其中对人体危害最大的是尼古丁和烟焦油。尼古丁是一种无色透明、有挥发性的油状液体，有剧毒，40 mg～60 mg 的纯尼古丁就可以毒死一个成年人。每支香烟中一般含有 1.5 mg～3.0 mg 的尼古丁。吸烟时绝大部分的尼古丁会随烟雾被吐出，部分残存在烟蒂中，真正被肺吸收的尼古丁只有极少的一部分，一般不会导致急性中毒。尼古丁对吸烟者的主要危害是：能让吸烟者产生依赖性，易使人成瘾；会刺激血管平滑肌痉挛，使血压升高，并促进心肌梗死的发生；会刺激胃酸分泌，使胃平滑肌痉挛，促进溃疡及胰腺炎的发生。烟焦油（吸烟时残留在过滤嘴上的棕黄色物质）主要含有苯并芘和 N- 亚硝基二甲胺，它们能够改变细胞的遗传结构，导致细胞异常分裂，诱发食管癌、喉癌、口腔癌、肺癌等恶性肿瘤。研究表明，肺癌患者中吸烟者的人数是不吸烟者的 10.8 倍，75 %～80 %的肺癌是由长期吸烟引起的。

5. 酗酒

适量饮酒对健康长寿有益，并能给人带来快乐；但长期过量饮酒甚至酗酒则会伤身折寿，带来种种疾病。乙醇的分子量很小，同时具备亲水性和亲脂性，能穿透人体内任何组织的细胞膜，对细胞产生毒性作用，对所有器官均可产生影响。

酒精首先作用于大脑。饮酒过多，会使大脑处于异常兴奋或麻痹状态，人会失去控制。酒精浓度在血液中达到 0.1 %时就会出现舌根发硬、口齿不清、头重脚轻等现象；浓度达到 0.2 %时，人会酩酊大醉；浓度达到 0.4 %时，人就会昏迷不醒、大小便失禁，甚至中毒死亡。

人体摄入的乙醇，95 %以上要通过肝脏解毒。肝功能正常的人，能代谢大部分乙醇，并排出体外；患有肝病或肝功能异常的人，肝脏的解酒功能下降，毒素就会在肝内蓄积，损伤肝细胞，加重肝病。酗酒还会损伤心肌，对心脏造成损害，长期刺激可使心肌细胞发生脂肪变性，降低心脏收缩力，还有可能导致心律失常、急性心力衰竭，从而发生危险。

长期饮烈性酒，食管和胃黏膜反复地受刺激，不仅会引起食管炎、胃炎、胰腺炎、胃溃疡和酒精性肝病，而且会导致食管癌、胃癌、肝癌。酒后开车如同杀手，当司机血液中酒精浓度为 0.3 ‰时，驾驶能力开始明显下降，血液中酒精浓度达到 1 ‰时，发生事故的概率为未饮酒司机的 6 倍至 8 倍。

6. 不良的作息习惯

现在追求夜生活的人越来越多，丰富多彩的夜生活成为人们的一种生活方式。许多城市几乎成为"不夜城"。酒吧、网吧、舞厅等娱乐场所都是大学生爱去的。文化娱乐活动的日益精彩，标志着人们物质生活水平的提高。周末或假日欢度一下，偶尔通宵达旦，也未尝不可，但要适时、适度、适当。如果夜夜狂欢、通宵达旦，引起睡眠不足、过度疲劳，就会导致体力透支、免疫力低下，加快机体老化，带来疾病。

现代社会，电脑成了大学生的必备品，可这个本来用于提高学习效率和获取信息的有力工具却成了部分男生的游戏机和部分女生的影碟机。他们不加节制、不分昼夜地待在电脑旁，轻者危害身体健康，重者导致网络成瘾、游戏成瘾和电脑依赖综合征。

大学生求胜心切，激烈的学习竞争带来了沉重的心理负担，个别学生为了应付考试，经常在考前熬夜甚至通宵，慢慢形成了昼夜不分的习惯。虽然不少人知晓熬夜对身体健康不利，但夜里睡不着、白天起不来，最终形成恶性循环。

二、环境因素

环境因素是指以人为主体的外部世界，或者说是围绕人的客观事物的总和。环境因素包括自然环境和社会环境，自然环境是人类赖以生存的物质基础。环境污染（如经济发展的同时带来的废水、废气、废渣、噪声等）必然给人体健康带来危害，其危害机制比较复杂，一般具有浓度低、效应慢、周期长、范围大、人数多、后果重，以及诸因素协同作用等特点。

（一）自然环境

1. 空气污染

（1）空气污染的来源

部分城市的空气越来越污浊，灰黄的烟雾笼罩着城市的天空。是谁把蔚蓝的天空弄得灰蒙蒙的？空气污染的主要来源如下。

①工业：工业生产是大气污染的一个重要来源。工业生产排放到大气中的污染物种类繁多，有烟尘、硫的氧化物、氮的氧化物、有机化合物、卤化物、碳氢化合物等。

②生活炉灶与采暖锅炉：城市中的民用生活炉灶和采暖锅炉需要消耗大量煤炭，煤炭在燃烧过程中要释放大量的灰尘、二氧化硫、一氧化碳等有害物质，污染大气。特别是冬季采暖，往往使污染地区烟雾弥漫，这也是一种不容忽视的污染源。

③交通运输：汽车、火车、飞机、轮船是当代的主要运输工具，它们产生的废气也是重要的污染物。特别是城市中的汽车，量大而集中。汽车尾气所排放的污染物能直接侵袭人的呼吸器官，对城市的空气污染很严重，是大城市空气的主要污染源之一。汽车排放的废气主要有一氧化碳、二氧化硫、氮氧化物和碳氢化合物等，前三种物质危害很大。

④森林火灾产生的烟雾。

（2）空气污染的危害

空气污染首先会使人罹患呼吸系统疾病，如哮喘、支气管炎、呼吸困难等。研究证明，空气中悬浮粒子的浓度每增加一倍，人因肺系疾病死亡的概率将增加15％。

①悬浮粒子。空气中飘浮的各种微粒会通过呼吸道进入肺部，如吸入含硅的粉尘会对人体造成永久性伤害。香烟燃烧时所产生的悬浮微粒，长期吸入会导致慢性支气管炎、支气管哮喘、肺气肿、肺心病，甚至肺癌。

②硫化物。许多燃料都含硫元素，燃烧后会产生硫化物。二氧化硫会刺激眼部，引起眼球结膜充血。

③一氧化碳。各种含碳燃料在不充分燃烧时会产生大量的一氧化碳，该物质有毒，过量吸入可以致命。一氧化碳的主要来源有汽车尾气、工厂废气等。马路上的一氧化碳浓度较高，长期吸入一氧化碳会使人缺氧，影响机体功能。

④氟氯碳化合物。臭氧层的破坏，氟氯碳化合物是主要凶手。臭氧层变

薄或出现空洞，会导致紫外线直接辐射增多，过多的紫外线辐射会破坏植物的叶绿素，抑制植物的生长，甚至使果实减产。此外，过多的紫外线辐射还会令人免疫能力低下，导致皮肤癌、白内障等。

⑤装修污染。装修时使用的人造地砖、大理石、墙面喷漆等材料，含有甲醛、二甲苯和乙烯等几十种对身体有害的物质。大理石还可能释放放射性物质，导致过敏、妇女不孕等。

2. 水污染

（1）水是生命的源泉

水不仅是构成身体的主要成分，还具备调节生理功能的作用。人离不开水。一旦人体内失去10％的水，生理功能就会发生严重紊乱；失去15％的水，生命就有危险；失去20％就会死亡。健康的人不吃食物，只供给水，能维持生命一个月，最长能存活59天；如果不供给水，只提供食物（食物中的水分也被去除），一般5天即会死亡，最长纪录是存活了17天。由此可见水的重要性。水在自然界中广泛分布，一般不会有缺乏的危险。但同时也应看到，淡水资源总量极其有限，水污染进一步蚕食着大量可供利用的水资源，并危害人类的健康。

（2）水污染的类别

水污染是指进入水体的污染物含量超过水体本身的自净能力，使水质受到损害，破坏了水体原有的性质和用途。水污染分为物理污染、生物污染与化学污染三类。

①物理污染。物理污染是指水中含有的悬浊物及机械杂质的污染，包括悬浮物污染（如泥沙）、热污染和放射性物质污染，其中放射性物质污染危害最大。

②生物污染。生物污染是指水中含有的细菌、病毒、藻类、真菌、酵母菌、寄生虫及虫卵等微生物超过规定的标准。

③化学污染。化学污染是指水中所含无机和有机的化学物质超标，严重威胁人体健康。常见的化学污染物有，砷、铅、汞、硒、银、锌、锑、氰化物等金属与无机化合物，农药，多氯联苯类化合物，卤代脂肪族化合物，醚

类化合物，单环芳香族化合物，苯酚类化合物和甲酚类化合物，酞酸酯类化合物，多环芳烃类化合物，亚硝胺类化合物和其他化合物十大类。化学污染已上升为主要污染，成为危及人类健康及安全的主要敌人。

（3）水污染对人体的危害

联合国向全世界发出警告：全世界每天至少有 5 万人死于因饮用受污染的水而引起的各种疾病。水污染的危害大致可分为以下四种。

①急性和慢性中毒。水体受化学毒物污染后，通过饮用水或食物链进入人体便会造成急慢性中毒。主要表现为：牙齿表面变得没有光泽、粗糙，出现黄色、棕色的斑点或花纹，牙齿质地变脆；骨骼疾病为腰腿病、关节僵硬、骨骼变形、驼背，甚至瘫痪。

②致基因突变、致畸形和致癌。水中的污染物可引起生物体细胞的遗传物质突发可遗传的变异，被称为致突变作用，也是一种特殊的毒性作用。1956 年在日本熊本县水俣湾发生的水俣病是世界上第一个因水体污染诱发的先天缺陷疾病。一家氮肥公司在生产乙醛和氯乙烯的过程中，将含甲基汞的废水排入水俣湾。甲基汞通过食物链逐级富集，鱼体内的甲基汞比水中要高数万倍。孕妇摄入甲基汞，会引起胎儿中枢神经系统障碍，出现先天性痴呆和运动功能失调。主要临床表现为：严重的精神迟钝，协调障碍，共济失调，步行困难，语言、咀嚼、咽下困难，生长发育不良，肌肉萎缩，大发作性癫痫，斜视和发笑。

③引发传播疾病。以水为媒介的传染病，主要有霍乱、伤寒、脊髓灰质炎、甲型病毒性肝炎等疾病。通过水传播发生的传染病曾夺走了千百万人的生命。上海市 1988 年曾发生甲型肝炎大流行，有 29 万人发病，主要是居民食用了受甲肝病毒污染的毛蚶所致。

④水中缺乏人体的必需元素。饮用水中的钙元素和镁元素对心血管系统有保护作用，因为钙元素和镁元素能阻止心血管组织对铅和镉等有害元素的吸收。另外镁与血液的凝固机制有密切关系，血液中镁的含量低则血液容易凝固，发生血栓。碘是人体所需要的另一种微量元素，碘元素缺乏可引起甲状腺肿大和智力低下。

3. 土壤污染

土壤是生物圈的重要组成部分，同水和空气一样，是人类赖以生存的重要环境因素之一。它是组成环境的各个部分（大气圈、水圈、岩石圈、生物圈）相互作用的场所，是人类宝贵的资源之一。

（1）土壤污染的分类

在现代社会中，农药、化肥的大量施用，大气烟尘和污水对农田的不断侵袭，严重影响了土壤的生产性能和利用价值。土壤污染包括以下几类。

①城市垃圾和工业废渣引起的污染。土壤是城市垃圾和工业固体废弃物的主要存放地点。城市垃圾堆积成灾，而工业固体废弃物的处理已成为污染土壤的一个重要因素。

②农药、化肥引起的污染。为了保证粮食及其他农作物的增产，农药是必不可少的。农药虽然能杀灭害虫，但是也对人体带来危害。

③大气沉降物引起的污染。大气中的二氧化硫、氮氧化合物和颗粒物，可以通过沉降和降水落到地面；大气层中核试验的散落物可造成土壤的放射性污染；雨水酸度增大，可引起土壤酸化、土壤盐基饱和度降低。

（2）土壤污染的危害

①被病原体污染的土壤能传播伤寒、副伤寒、痢疾、病毒性肝炎等传染病。

②被有机废弃物污染的土壤是蚊蝇滋生和鼠类繁殖的场所。鼠类、蚊、蝇是许多传染病的媒介。

③土壤被放射性物质污染之后，通过放射性衰变，能产生 α、β、γ 射线。这些射线对机体既可造成外照射损伤，又可通过饮食或呼吸进入人体，造成内照射损伤，使受害者出现头昏、疲乏无力、脱发、白细胞减少或增多，甚至癌变等情况。

④土壤中的硝酸盐对人体是有害的，对于婴儿特别是 6 个月以下的婴儿来说，可直接引起病变。更严重的是，硝酸盐不稳定，它会还原为亚硝酸盐，进而形成毒性很大的亚硝酸。

⑤土壤中的重金属通过食物链的富集效应，最终能进入人体，损害人体器官，破坏人体功能，损害人体健康。

4. 噪声污染

（1）噪声污染的类型

①环境噪声。环境噪声指在工业生产、交通运输和社会生活中所产生的干扰周围生活环境的声音。

②交通运输噪声。交通运输噪声指由交通运输工具，如汽车、火车、飞机、轮船等发出的噪声，是一种流动的噪声源，对环境的影响面最广。

③工业噪声。工业噪声指在工业生产过程中产生的噪声。各种机械操作、运行产生的是机械噪声；气流从喷气口喷出时产生的是气流噪声；在建筑施工现场要使用各种动力机械，要进行挖掘夯土、搅拌，要频繁地运送材料和构件，产生的是建筑施工噪声。噪声对居民的生活造成了很大的干扰。

④社会生活噪声。社会生活噪声是指在商业交易、体育比赛、旅游、集会等各种社会活动中产生的喧闹声，以及使用家用电器的嘈杂声、震耳欲聋的鞭炮声。社会生活噪声是普遍存在的。

（2）噪声的危害

①致人耳聋。人进入较强的噪声环境中，就会感到刺耳、难受。待一段时间出来后，会感到耳内鸣响。如果长年无防护地在较强的噪声环境中工作，会导致听觉疲劳。听觉疲劳的加重会使听觉功能恢复不全，造成相当严重的噪声性耳聋。

②损害人体的神经系统。噪声通过听觉器官刺激人的丘脑、下丘脑及大脑皮质，从而使大脑皮质的兴奋和抑制过程失调，导致条件反射异常、脑血管功能紊乱。如果长期在强噪声的环境下生活和工作，则会形成牢固的兴奋灶，损害自主神经，出现如头痛、脑胀、昏晕、耳鸣、多梦、失眠、心慌和全身疲乏无力等临床症状。这些症状在医学上统称为神经衰弱或神经官能症。

③引起或诱发疾病。在强噪声车间工作时，高血压的发病率比在低噪声车间要高好几倍。极强噪声还会影响胎儿发育，造成胎儿畸形，妨碍儿童智力发展。当然噪声并不一定是引发这些疾病的唯一原因。

5. 电磁污染及危害

电磁污染是指天然和人为的各种电磁波的干扰及有害的电磁辐射。由于广播、电视、微波技术的发展，射频设备功率成倍增加，地面上的电磁辐射大幅度增加，已达到直接威胁人体健康的程度。电场和磁场的交互变化会产生电磁波，电磁波向空中发射或泄露的现象，叫电磁辐射。过量的电磁辐射就造成了电磁污染。电磁污染已成为继水污染、大气污染、噪声污染的第四大公害。

（1）电磁污染的分类

①天然电磁污染。天然电磁污染是由某些自然现象引起的，最常见的是雷电。雷电除可能对电气设备、飞机、建筑物等造成直接危害外，还会在广泛的区域产生从几千赫兹到几百兆赫兹的极宽频率范围内的严重电磁干扰。火山喷发、地震和太阳黑子活动引起的磁暴等都会产生电磁干扰。天然的电磁污染对短波通信的干扰极为严重。

②人为电磁污染。人为电磁污染包括以下三种情况。第一，脉冲放电。例如，切断大电流电路时产生的火花放电，其瞬变电流很大，会产生很强的电磁。它在本质上与雷电相同，只是影响区域较小。第二，工频交变电磁场。例如，在大功率电机、变压器及输电线等附近的电磁场，它并不以电磁波的形式向外辐射，但在近场区会产生严重电磁干扰。第三，射频电磁辐射。例如，无线电广播、电视、微波通信等各种射频设备的辐射，频率范围宽，影响区域也较大，能危害近场区的工作人员。射频电磁辐射已经成为电磁污染环境的主要因素。

（2）电磁污染的危害

①诱发白血病。电磁辐射极可能是儿童患白血病的原因之一。医学研究已证实，人体长期处于高电磁辐射的环境中，血液、淋巴液和细胞原生质会发生改变。据美国科罗拉多州立大学研究人员的调查，在电磁污染较为严重的丹佛地区，死于白血病的儿童是其他地区的两倍以上。意大利专家研究后认为，儿童患白血病的主要原因是距离高压电线太近，受到了严重的电磁污染。

②诱发癌症。电磁辐射污染会影响人体的循环系统，以及免疫、生殖和代谢等功能，严重的还会诱发癌症，并会加速癌细胞的增殖。瑞士的研究资

料指出，住宅周围有高压电线经过，则居民患乳腺癌的概率比常人高 7.4 倍。美国得克萨斯州癌症医疗基金会对一些遭受电磁辐射损伤的病人的抽样化验结果表明，在高压电线附近工作的工人，其癌细胞的生长速度比一般人快 24 倍。

③导致儿童智力残缺。最新调查显示，在中国每年出生的 2 000 万儿童中，有 35 万为缺陷儿，其中 25 万有智力残缺，专家认为电磁辐射也是影响因素之一。瑞典学者在研究中发现，生活在电磁污染严重地区的儿童，患神经系统肿瘤的可能性更大。世界卫生组织认为，计算机、电视机、移动电话的电磁辐射对胎儿有不良影响。

④对心血管系统的影响。电磁辐射对心血管系统影响的主要表现为心悸、失眠、女性经期紊乱、心动过缓、心输出量减少、窦性心律不齐、白细胞减少、免疫功能下降等。装有心脏起搏器的病人如果处于高电磁辐射的环境中，其心脏起搏器会受到影响。

⑤对视觉和生殖系统的影响。过高的电磁辐射污染会引起视力下降，诱发白内障；使男子精子质量降低；使孕妇发生自然流产和胎儿畸形等。例如：长时间使用电热毯睡觉的女性，月经周期会发生明显改变；孕妇若频繁使用电炉，会增加出生后小儿患癌症的发病率。

高剂量的电磁辐射还会影响及破坏人体原有的生物电流和生物磁场，使人体内原有的电磁场发生异常。值得注意的是，不同的人或同一个人在不同年龄阶段对电磁辐射的承受能力是不一样的，老人、儿童、孕妇属于电磁辐射敏感人群。

（二）社会环境

社会环境与自然环境相对，包括政治、经济、文化、教育、人口、民族和职业等诸多方面。从健康教育学的观点看，社会环境是人类在自然环境的基础上，有目的、有计划创造的人工环境，是人类物质文明与精神文明发展的标志，同时随人类文明的进步而不断丰富和发展。过去，医学界对环境与健康的关系研究多侧重于自然环境的影响，而忽视了社会环境的作用。随着医学模式的转变，医学界已逐渐觉察到疾病谱的改变、疾病的发生和转归、健康素质的高低，不仅与自然环境有关，而且直接或间接地受社会因素的影响和制约。

1. 社会制度与健康

社会制度对人群健康有直接和深远的影响，不同时代、不同制度的社会，有着不同的卫生政策和方针。许多疾病和不良行为与社会因素紧密相关。先进的政治制度可以促进医疗卫生事业蓬勃发展，促进人民健康水平的提高。

中华人民共和国成立以前，在半殖民地半封建的社会状况下，我国经济落后，人民健康水平很低，死亡率非常高，城市居民平均预期寿命只有35 岁，农村居民寿命更低。当时各种传染病、寄生虫病广泛流行：烈性传染病如鼠疫、霍乱、天花等严重威胁着人民的生命和健康；地方病如克山病、血吸虫病、大骨节病、地区性甲状腺肿、地区性氟中毒等，发病率很高。卫生机构发展很缓慢，除少数大城市外，广大农村地区缺医少药，很多病人还受迷信影响，得不到科学医疗救护和卫生防御。

中华人民共和国成立以来，我国制定的各种方针、政策、法律、法令保障了人民在社会中的地位，全民卫生服务工作发挥了最大效益。党和国家非常重视人民卫生事业的发展与建设，从卫生机构的建设到卫生人员的培养，逐渐完善了城乡三级医疗卫生机构网，并开展了爱国卫生运动，对严重流行的传染病和地方病进行了大规模的防治。人民的生活及劳动条件得到改善，健康水平有了明显提高。目前，我国人均寿命已增至 70 多岁，婴儿死亡率降至 6.1 ‰，许多严重危害人民健康的疾病已被有效控制或基本消灭。

目前，全球疾病谱和死因谱发生了较大变化，尽管目前我国的国内生产总值和人民的经济水平、生活状况与一些经济发达国家相比，还有一定差距，但经过多年的努力，人民总体健康状况已有了明显改善，许多主要的健康指标已经接近或达到经济发达国家水平，某些项目甚至居于前列（如计划免疫、初级卫生保健等）。取得这些成绩的根本原因是有符合中国国情的社会制度和卫生政策做保证。

2. 社会经济与健康

社会经济是社会进步和社会生活的物质基础。人们的劳动条件、生活方式、人口动态及营养状况，无不受经济因素的制约，因此社会经济是影响人类健康不可忽视的重要因素。大量的调查研究证明，社会经济状况与人民的健康水平呈密切的正相关。没有稳定的、持久的经济做后盾，没有一定的财力投入，人民的健康水平和社会卫生状况是很难得到改善和提高的。

经济的发展推动了卫生工作，卫生工作也同样推动着经济的发展，两者具有双向互动作用。经济的发展是人群健康水平提高的根本保证。社会经济的发展也必须以人群健康为条件，人群健康水平的提高对推动社会经济的发展起着至关重要的作用。

世界各国健康水平差别巨大，发达国家与发展中国家的疾病类型和死因谱不同。经济落后的国家，由于贫困、营养不良、卫生设施落后和环境污染等因素，传染病和营养不良引起的 5 岁以下儿童死亡数占 5 岁以下儿童总死亡数的 70 %～ 90 %。

3. 文化因素与健康

文化属于特殊普遍的社会现象，是人类在历史实践中创造的物质财富和精神财富。文化教育在许多方面影响着人类的社会活动，健康也不例外。健康和健康观念与文化教育和文化素质有直接的关系，特别是人的卫生习惯与良好行为的养成，往往反映了人的文化素质和教育层次。不珍惜健康和缺乏自我保健意识的人，也多受其文化水平影响。因此，发展经济、重视教育、提高人民的文化素质，是改善全民族的健康状况的重要条件。

文化因素对健康的影响主要表现在以下几个方面。

第一，影响人们对健康问题的认识，如肥胖已被多数人认为是一种疾病，而在南太平洋的岛国汤加，人们则视肥胖为健康。

第二，左右人们对解决健康问题缓急的决策。例如：面对疼痛，注重绅士风度的英国人会尽量忍耐，不轻易求医；而意大利人则认为疼痛影响个体的安宁，即便疼痛不重也会立即求医。

第三，影响人们对治疗手段的选择。例如：风湿性心脏病病人需换瓣时，西方人会选择尽早做换瓣手术；而在我国，很多人可能不到万不得已不会接受换瓣手术。

第四，影响人们对医疗保密措施的选择。例如，是否将病情真相告诉癌症患者，在不同的文化中有不同的回答。在美国，医院会将癌症病情告诉患者本人，我国则比较强调对癌症患者进行保密。因为前者认为告之真相可使患者充分利用所剩不多的人生时光；而后者则觉得患者可能会经受不住打击，从而对治疗产生消极影响。

第五，影响人们对疾病与治疗的态度。意志顽强，认为可以改造、征服自然的人会正视疾病，积极配合医生治疗，和疾病做斗争；意志薄弱的人，则会采取妥协、回避的消极态度。

4. 社会阶层与健康

我国正处在制度急剧转型的过程中，这种转型是一种整体性、结构性和加速性的社会结构性变迁，它意味着整个社会的阶层结构正在发生前所未有的重大调整。国际上许多研究已经表明，社会阶层是影响一个人健康状况和期望寿命的最具决定性的因素，不同社会阶层之间的健康公平性和卫生服务利用公平性间存在着鸿沟。

衡量一个人所处的社会阶层要依据三个方面的标准：职业地位、受教育程度和收入水平。每个指标都可以从不同方面反映一个人在社会阶层中的地位。收入水平反映一个人的消费能力、住房条件、营养状况和医疗保健状况等；职业地位反映一个人的社会地位、权力资源、体力活动情况及和工作相关的健康危险因素；受教育程度反映一个人的生活方式和对健康状况的调控力。其中，职业地位的影响最为显著。世界卫生组织研究表明，居民的健康状况随着社会阶层从顶部到底部而由最好变为最差，呈现出一种梯度变化趋势。

不同阶层、职业、文化程度的人的疾病谱不同。以心血管疾病为例，城市居民的发病率高于农民，医务卫生人员、教师的发病率高于工人、农民，高中以上文化程度者的发病率高于文化程度低者。在神经精神症状的发生情况中也有类似的规律。

5. 家庭、人口与健康

家庭是社会的细胞，是维护健康的基本单位。家庭成员和睦相处，有助于各自保持良好的生理和心理状态。家庭环境不佳、经常争吵发怒者的心血管和神经系统疾病发生率较高。良好的家庭生活习惯、卫生习惯能保证生活质量，减少疾病。

人口的增长应与社会经济的增长相协调。若人口增长过快，生产积累减少，生活水平就会下降，人群的健康水平就会随之降低，也会造成自然环境的破坏，加重环境污染，从而对健康造成威胁。在落后的社会经济条件下，人口增长速度难以控制，反而制约经济的增长。人口的规模、年龄结构及性别结构，取决于生育率、死亡率。人口的区域分布、流动情况对健康及保健服务有着重要影响。优生、优育和计划生育政策可使人口数量得以控制，且能保证人口质量，降低人群发病率。

6. 社会心理因素与健康

随着科学技术的飞速发展、知识领域的不断拓展、社会竞争的日益加剧，人们经常处于紧张状态。紧张状态是一种情绪状态。凡能引起不愉快情绪，导致身心受损的因素都被称为心理社会因素或心理社会性刺激因素。

每个人在生活中都会遭受程度不同的心理社会因素的影响，但大多数人的身心反应较轻，并不致病，如果心理社会因素的强度超过平衡系统的极限或个人的承受能力，即可引起躯体（生理）或心理（精神）的异常。

生活在现代社会中，人们要进行合理调节，避免过度紧张，减少损害身心健康的各种因素，学会心理调适，使生活有张有弛，只有这样才能避免周围紧张性刺激对我们身心的影响，才能保持身心健康。总之，社会环境因素对健康有着广泛而持久的影响。一个人的健康程度与他所处的社会环境密不可分。

大学是一个崭新的学习环境，绝大多数大学生都是积极、健康的，表现出良好的社会适应能力。他们能积极、主动地遵守社会规范，努力改正不良的行为和生活方式，能够正确地理解认识自己的社会角色，努力完成自己的社会化过程，使自己适应社会的需要。他们胸怀远大目标，并为此克服重重困难；他们热爱生活，珍惜大学宝贵而短暂的光阴；他们顺应社会发展的主流，努力使自己成为对社会有用的人才，使自己的人生具有社会价值。但也有少数大学生，一时不能适应大学的新环境，有的甚至松了一口气，错误地认为考上大学，就已达到人生的目标；或者对所选择的专业不满，对今后可能从事的职业无兴趣；或者学习松懈，甚至不愿受校规校纪的约束，在个人目标尚未实现或遭受挫折时，转而向社会发泄不满。在生活方面，他们模仿、热衷不良的生活方式，甚至做出受社会道德舆论谴责的行为。他们不懂得任何一个社会都不可能满足社会成员的所有要求，每个社会成员的目标与需求都必须根据社会的需要进行自我调整，从而为社会做出贡献。在这样的错误认识与行为下，他们最终无法完成学业，甚至不能适应社会的需要，只能被社会所淘汰。

三、生物学因素

生物学因素包括遗传因素、生物性致病因素、心理因素三个方面。遗传因素对健康的影响包括遗传性疾病和体质遗传两个方面。前者指遗传缺陷性疾病，如血友病、白化病和有遗传倾向的疾病，如高血压、糖尿病及某些肿瘤等；后者指体质机能，如胖瘦、心脏功能天生低下等，是能通过后天的营养和运动等加以改变的。有遗传倾向的疾病也可通过改良生活方式及行为达到预防或延缓发病年龄的目的。生物性致病因素是指致病菌、病毒、螺旋体、立克次氏体、衣原体和支原体等病原微生物或寄生虫侵入人体而引起的疾病。随着预防医学的发展和诊疗技术的提高，生物性致病因素的致病概率在不断下降，治愈率在不断提高，其对健康的危害正在退居次要地位。而随着心理性问题和精神疾病对人类健康危害的进一步显现，心理因素的致病作用也越来越受到重视。

（一）遗传因素

遗传是大家熟悉的生命现象。子女与双亲无论在形态结构或生理机能等方面都是十分相似的，这种现象在生物学上被称为遗传。决定遗传的物质基础是基因，它存在于细胞核的染色体内，实质上它是由一种叫作脱氧核糖核酸的化学物质组成的密码序列。人体的每个细胞内有成千上万个基因，每一个基因决定了一种遗传特性。如果基因的密码序列在某种条件下发生突变，就可能导致畸形或疾病，并且代代相传。越来越多的证据表明，遗传特性是影响健康和疾病发生的重要的机体内部因素之一，有时甚至是决定性的因素。人类至今已发现 3 000 多种遗传疾病。

国内统计表明，父母中有 1 人患冠心病，其子女患病率为双亲正常者的 2 倍，其兄弟姐妹的患病率则多达 5 倍。现代研究认为，冠心病人的肝细胞中没有适当的可使他们的身体摆脱过多低密度脂蛋白的受体，而低密度脂蛋白增多是冠心病的主要致病因素之一。溃疡性结肠炎在直系亲属中的发生率为 15 ％～ 30 ％，比一般人群高。其他如糖尿病、高血压、消化性溃疡、类风湿性关节炎等疾病有明显的家族倾向。这些疾病是个体的遗传因素与环境因素共同作用而发生的，即具有个体的"遗传易感性"。

1. 病理性基因的遗传方式

人类疾病的病理遗传方式，一般是通过家系调查，绘出家谱图，然后进行分析而决定的。人体每个体细胞中都有 23 对染色体，即 46 条染色体。其中有 22 对是男性和女性都一样的，称为常染色体；另 1 对是决定性别的，称为性染色体。女性为 44+XX、男性为 44+XY。遗传病的病理基因位于常染色体上，称为常染色体遗传；遗传病的病理基因位于性染色体上，称为性连锁遗传。目前已知人类病理基因的遗传方式主要有以下四种。

（1）常染色体显性遗传

病理基因存在于常染色体上，且在杂合子时即可显示出病理性状，遗传性状是显性的，故一般具有下列特征。

①通常连续几代出现，病人的双亲中至少有一方是患者。

②父母中一方患病（多数情况下为杂合子），则其子女约有 50 ％的概率为病人，而且每生一个孩子都有 50 ％的概率患病。

③男女患病机会均等。迄今人类常染色体显性遗传病有 1 400 多种，在已确定遗传方式的疾病中约占 1/2，常见的有多指畸形、夜盲症、家族性高

胆固醇血症等。

（2）常染色体隐性遗传

病理基因存在于常染色体上，但仅有纯合子（病理基因成双）才显示出病理性状，一般具有如下特点。

①只有双亲都带有病理（隐性）基因时，才有纯合子患儿出现的可能。

②若父母均为杂合子（病理基因载体），即双亲都是同种病的隐性基因携带者时，子女约有 25 % 的概率患病，也就是说每生一个孩子都有 25 % 的概率患病。

③男女患病机会均等。

④一般病理性状不连续两代出现。现已查明，人类常染色体隐性遗传病达 1 000 多种，如白化病、半乳糖血症等。据统计，近亲婚配所生子女中半乳糖血症的发生率为一般人的 19 倍，其他病也为一般人的 3 倍至 4 倍。因此，避免近亲结婚是很重要的。

（3）性连锁遗传

① X 连锁显性遗传。只要 X 染色体上有此病理基因（女性为杂合子，男性为半合子）即可出现病理性状。若母亲为杂合子，父亲正常，则子女患病的概率各为 50 %；相反，若母亲正常，父亲为半合子，则女儿全为患者，儿子均正常。故总的来看，以女性病人为多。人类 X 连锁显性遗传病不多，常见的有抗维生素 D 性佝偻病。

② X 连锁隐性遗传。女性杂合子不表现病理性状，仅女性纯合子和男性半合子才是病人。若母亲为杂合子，父亲正常，则女儿约有 50 % 的概率为病理基因传递体，约 50 % 的概率为正常人，儿子约有 50 % 的概率为病人（半合子），约 50 % 的概率为正常人。若父亲为半合子，母亲正常，其儿子全部正常，女儿则全为杂合子，即病理基因由父亲传给女儿时不表现性状，而由母亲传给儿子时则表现，故此类疾病以男性为多。例如，血友病的男性发病率为万分之一，而女性的发病率接近于 0。因为只有当父亲为半合子（病人）而母亲又为杂合子时，他们的女儿才有可能成为纯合子（病人），而这种可能性是很低的。目前已知的此类遗传病有 150 种左右，如血友病、红绿色盲等。

（4）多基因遗传

一些数量性状（如身高、血压等）的遗传方式都是多基因遗传。目前已知肾脏、肾上腺、神经、血管、甲状腺、垂体、肝脏等均能影响血压的高低，而且一个脏器也可通过多种因素（如肾上腺皮质有皮质醇、醛固酮，肾上腺髓质则有肾上腺素等）影响血压，故不难理解血压是由多基因决定的。目前认为糖尿病、原发性高血压、冠心病、某些先天畸形和肿瘤、精神分裂症等都属于多个基因和环境因素共同作用引起的遗传病，这种遗传方式也称多因子遗传。其中，遗传基础所起作用的大小称遗传度或遗传率。例如：精神分裂症的遗传基础所起的作用相对较大，遗传度为 80 ％；而先天性心脏病的遗传度较低，为 35 ％，环境因素的作用相对较大。

2. 基因突变与肿瘤

20 世纪 70 年代，遗传学家和生物学家发现"癌症敏感者"或癌症高发人群均有一定的家族倾向，关于肿瘤的遗传性倾向已有不少报道。

关于基因突变引起肿瘤发生的机理，目前有两种假说：其一，认为是遗传性免疫缺陷使致癌物质容易起作用而发生癌变；其二，认为细胞的癌变可能是一些复杂的基因群调节而发生的改变。有些基因群在胚胎期极为活跃，而在临近出生或出生后，由于基因调节发生改变，这些基因群从有活性变为无活性，即遗传信息受到阻遏；但在某些条件下（如致癌物质的作用），这种阻遏作用得到解除，它的遗传信息又活跃起来，故一些酶或其他蛋白质及抗原又重新大量合成。例如，肝癌患者血清中出现大量的甲胎蛋白就是这一学说的有力佐证，现在临床上就用查血清中的甲胎蛋白含量作为早期肝癌的诊断方法之一。

3. 染色体畸变与肿瘤

许多由染色体畸变引起的遗传病患者，其肿瘤的发病率较正常人高得多。例如，先天愚型患儿发生白血病的概率约为 1/95，比正常人群的小儿患白血病者多 30 倍左右。对肿瘤患者进行染色体检查，往往可以发现肿瘤细胞有明显的染色体异常，染色体数目多在二倍体到四倍体之间。癌性积液内也可见到多倍体细胞，有时细胞内的染色体数高达 1 000 个，说明有异常染色体的细胞比较容易发生癌变。因此，有人提出异常染色体可作为癌变的信号。

4. 遗传病的防治

过去，遗传病被称为不治之症。随着分子生物学和医学的迅速发展，遗传病的防治方法日益增多。近年来，产前诊断技术逐渐成熟，如在妊娠4月至5月使用羊膜穿刺术检查羊水成分，可以探测出胎儿是否有染色体畸变和遗传性代谢缺陷等遗传病。由于新的生化测定法不断出现，目前已能查出80％～90％的遗传性代谢缺陷病。遗传性代谢缺陷病目前已有33种以上较为肯定的疗效，如针对缺乏酶的患儿，医生可给患儿输入在体内能降解的尼龙薄膜包装酶制成的微囊（人工细胞），或者采用调整营养等方法，使患儿恢复健康。因酶缺乏引起代谢产物不足者，可补充该产物或其衍生物。例如：苯丙酮症患儿，出生后即开始用低苯丙氨酸饮食治疗等，则可避免出现临床症状；对丙种球蛋白缺乏症患儿，给予丙种球蛋白；对血友病患儿，给予抗血友病球蛋白；等等。

（二）致病微生物

人们借助光学显微镜或电子显微镜才能观察到的微小生物称为微生物。绝大多数微生物对人类和动植物是有益的，而且是必需的。但某些微生物对人类的危害很大，是影响健康的常见生物学因素之一。微生物侵入人体之后，能在人体内的某一部位中寄生、繁殖，使人患病。这些具有致病性的微生物被称为病原微生物，简称"病原体"。传染病就是由各种病原微生物引起的。病原微生物的种类很多，归纳起来有以下几类：细菌、病毒、立克次氏体、支原体、真菌等。此外，还有寄生虫中的原虫及蠕虫。由细菌引起的疾病，被称为细菌感染性疾病；由病毒引起的疾病，被称为病毒感染性疾病；由寄生虫引起的疾病，被称为寄生虫病。

1. 细菌

细菌是感染性疾病最普遍的致病因素。细菌性痢疾、伤寒病、流行性乙型脑炎及肺炎等都是细菌性疾病。

（1）细菌的基本特性

细菌是体积微小且能独立进行新陈代谢和生长繁殖的单细胞生物，属于原核生物。细菌的基本结构大体与植物细胞相似，包括细胞壁、细胞膜、细胞质和细胞核。某些细菌还具有荚膜、鞭毛和芽孢。研究人员通过染色体除了可以观察细菌的形态，还可以鉴别细菌的种类。最有实际意义的是革兰氏染色法，用此法可将细菌分为革兰氏阳性菌和革兰氏阴性菌两大类，用以鉴别细菌，并可在使用药物时作为参考，如大多数革兰氏阳性菌对青霉素敏感（结核分枝杆菌除外），而革兰氏阴性菌对青霉素不敏感（脑膜炎双球菌等除外）。用这种方法还可以确定致病物质，如多数革兰氏阳性菌的致病物质为外毒素，而多数革兰氏阴性菌的致病物质为内毒素。此外，抗酸性染色法可鉴别抗酸杆菌（结核分枝杆菌、麻风杆菌）与非抗酸杆菌。在痰液中找到结核分枝杆菌是诊断肺结核的最可靠证据，临床上常用对涂片进行抗酸染色，在显微镜下检查可见到红色细长的结核分枝杆菌。

细菌的繁殖方法是简单无性二分裂法，细菌在适宜的环境中吸取养料，便可开始繁殖。一个细菌分裂为两个子代细菌。致病性细菌生长繁殖的最适宜温度为 37 ℃，高温能使微生物的蛋白质凝固变性，故高温能杀灭所有的病原微生物，因此医疗上常用高温进行消毒灭菌。水煮沸的温度为 100 ℃，煮沸 5 分钟能杀灭一切细菌的繁殖体，故煮沸法可用于饮水消毒。有些细菌如结核分枝杆菌在有氧条件下不能生长繁殖，有些细菌则完全缺乏氧化酶系统，如破伤风杆菌在有氧条件下不能生长繁殖，所以深部创伤需注射破伤风抗毒素。大部分细菌的繁殖速度很快，20 分钟至 30 分钟就分裂一次（个别细菌如结核分枝杆菌要十几小时才分裂一次）。环境条件能在较短时间内对繁殖多代的细菌产生巨大影响，细菌为了适应外界环境变化会进行一系列内部新陈代谢的调整，从而发生变异。细菌对某种抗生素的一定浓度原来是敏感的，后来却变得不敏感，即产生了抗药性。细菌毒力也可发生变异，如当前所用的一些"无毒（或弱毒）活疫苗"，就是由强毒株变异的。目前广泛用于预防结核病的卡介苗就是将牛分枝杆菌（对人有毒）培养在含胆汁的甘油马铃薯培养基中，经过13年，传代230次以后，得到失去致病性的变异菌种。

将这种变异了的牛分枝杆菌接种于人体，可使人体产生对结核分枝杆菌的抵抗力。

（2）细菌的致病作用与感染

细菌广泛存在于自然界，在土壤、水、空气、食物、用具、人体体表及与外界相通的腔道中，均有细菌存在，但仅有少数对人体有致病作用。凡能引起人类疾病的，都称为病原菌。细菌的致病作用取决于以下几方面。

①细菌的毒力和侵袭力。

毒素，分外毒素和内毒素。外毒素是活菌产生的一种"毒性蛋白质"，毒力较强，选择性地作用于某些器官和组织，引起特殊病变。内毒素是细菌胞壁溶出的一种"毒性脂多糖"，能引起发热反应、糖代谢紊乱、血管舒缩功能紊乱、弥散性血管内凝血和机体的特异免疫反应等。

侵袭力，指病原菌在机体内定殖，突破机体的防御屏障进行繁殖和扩散的能力。定殖细菌感染的第一步就是在体内定殖（或称定居），实现定殖的前提是细菌要黏附在宿主消化道、呼吸道、生殖道、尿道及结膜等处，以免被肠蠕动、黏液分泌、呼吸道纤毛运动等作用清除。

②细菌侵入的数量和适当的侵入部位。

病原微生物引起感染，除必须有一定毒力外，还必须有足够的数量和适当的侵入部位。有些病原菌毒力极强，极少量地侵入即可引起机体发病，如鼠疫耶尔森菌，有数个细菌侵入就可发生感染。而对于大多数病原菌而言，需要一定的数量才能引起感染，少量侵入易被机体防御机能所清除。

病原菌的侵入部位也与感染的发生有密切关系。多数病原菌只有经过特定的门户侵入，并在特定部位定居繁殖，才能造成感染。例如，痢疾杆菌必须经口腔侵入，定居于结肠内，才能引发疾病。而破伤风杆菌，只有经伤口侵入，在厌氧条件下，在局部组织中生长繁殖，产生外毒素，才能引发疾病；若经口腔吞入，则不会引发疾病。

病原菌可经呼吸道、消化道、皮肤黏膜创伤、接触、节肢动物（如跳蚤等）侵入人体。如果病原菌长期潜伏在人体内的某一部位等待时机，一旦人体抵抗力降低时，就大量繁殖并使人患病，这称为潜伏性感染。由于人体有一定程度的抗感染免疫力，或侵入的病原菌不多，毒力较弱，感染后对人体的损害较轻，所以不出现或出现不明显的临床病状，这称为隐性感染。病原菌侵入机体后，克服机体的防御机能，在一定部位生长繁殖，并引起病理生理过程的，称为感染，表现有临床病状的则称为感染性疾病。由于新的抗生素不断出现，细菌感染引起的各种疾病现在已能得到有效的治疗。

2. 病毒

目前已知 80 ％的传染病是由病毒引起的，如流感、肝炎、艾滋病、严重急性呼吸综合征等。病毒性疾病传染性强、传播广，并能造成较高的死亡率，且现在还缺乏确切的防治药物。

（1）病毒的基本特性

病毒是目前已知的最小的病原微生物，其特点如下。①体积微小，一般光学显微镜看不见，需用电子显微镜才能观察到。能通过滤菌器。②结构简单，无完整细胞结构。病原体主要由核酸和构成衣壳（或称外壳）的蛋白质组成。核酸能组成病毒的核心，是病毒的生命中枢。一种病毒只含有一种类型的核酸（核糖核酸或脱氧核糖核酸），其是病毒增殖、遗传、变异及感染的物质基础。单纯的病毒核酸就可感染宿主细胞，而繁殖出下一代完整的病毒。病毒衣壳有保护核酸不受核酸酶的破坏的作用，从而增强病毒的感染力。病毒表面的衣壳，能吸附于易感动物细胞表面的受体，使病毒能穿入细胞引起感染。衣壳是病毒抗原表位（又称抗原决定簇）的载体，它能引起机体的免疫反应，产生相应的抗体。③病毒缺乏生活细胞所具备的细胞器如核糖体、线粒体等，以及代谢必需的酶系统和能量，其增殖由宿主细胞供应原料、能量和生物合成的场所（如细胞器）。病毒核酸（基因组）控制合成病毒的核酸与蛋白质等成分，然后在宿主细胞的胞浆或核内装配成为成熟的有感染性的病原体，再以各种方式释出细胞，感染其他细胞。因此，病毒是在活细胞内生长繁殖的非细胞形态的微生物。

（2）病毒的致病作用与感染

病毒进入易感细胞后，可能作为异物，产生机械性刺激。但更多的是改变宿主细胞的某些结构，或干扰宿主细胞的主要代谢，引起组织、器官的损伤和功能障碍。此外，因病毒感染而死亡的细胞可产生毒性物质，如致热原等，这些毒性物质也是致病因素之一。在病毒感染中，隐性感染所占的比例较大，而显性感染多为急性发作，其中少数也转为潜伏感染。例如，单纯疱疹病毒和腺病毒的感染，可以不出现症状，或在症状消失后，病毒仍继续存在在体内。一旦人体抵抗力降低，病毒就会重新增殖而使疾病复发，重新表现为显性感染。某些病毒也可以长期在细胞内大量繁殖而并不发病，称为慢性病毒感染，其特点为潜伏期长，病程为亚急性或慢性。例如乙型肝炎，不少病人转为慢性活动性或慢性迁延性，而乙型肝炎表面抗原持续阳性，不易转阴。

在病毒性感染过程中，病毒释放的或因损伤细胞而释放的毒性物质可引起发炎反应。病毒性感染浸润的细胞主要为单核细胞，包括巨噬细胞、浆细胞与淋巴细胞，偶尔可发生暂时性的中性粒细胞浸润，这些与急性细菌性感染者不同。病毒感染的急性期一般会发生白细胞减少症，而细菌感染的急性期多表现为白细胞总数和中性粒细胞增多。血液的变化反映组织中发炎与免疫的变化过程，发炎与免疫的变化偶尔也表现为病毒对白细胞与骨髓直接作用引起的反应。白细胞能被病毒感染并杀死。巨细胞病毒、疱疹病毒与麻疹病毒能在淋巴组织中增殖并引起病变，这些可能是出现白细胞减少症的部分原因。

3. 其他微生物

（1）立克次氏体

立克次氏体是介于细菌和病毒之间的病原微生物。它有严格的细胞内寄生性，天然寄生在一些节肢动物体内（如虱子、跳蚤、蜱虫、螨虫等），以这些节肢动物为媒介进行传播。立克次氏体是斑疹伤寒等传染病的病原体，是为纪念因研究斑疹伤寒而感染去世的立克次医生而定名的。

立克次氏体侵入人体后，常在小血管的内皮细胞及网状内皮系统中繁殖，引起细胞肿胀、增生、坏死、微循环障碍及血栓形成，并引起血管周围的炎性浸润。立克次氏体在实质器官，如肝、脾、肾、脑、心脏等的血管内皮细胞中繁殖，可导致这些细胞发生肿胀、增生、代谢障碍、坏死及间质性炎症。

立克次氏体毒素可引起小血管收缩、血管通透性增高、血浆渗出、血压下降，甚至弥散性血管内凝血、休克等。因而，患立克次氏体病时往往有发热、皮疹、实质性器官损害及其他中毒症状。

（2）支原体

支原体是一群介于细菌与病毒之间，目前所知能独立生活的最小微生物，它们没有细胞壁，呈高度多形性。支原体在无生命的人工培养基中能生长繁殖，形成细小集落。支原体对热的抵抗力低，一般在 45 ℃环境中经 15 分钟至 30 分钟，或在 55 ℃环境中经 5 分钟至 15 分钟即可死亡；对苯酚（石炭酸）、来苏水等化学消毒剂比细菌敏感；对表面活性剂、脂溶剂极为敏感，如肥皂等，洗刷后残留于器皿壁的极微量表面活性剂和脂溶剂也能使其生长受到抑制。

人类支原体中，仅肺炎支原体已确定为支原体肺炎（原发性非典型肺炎）的病原体。肺炎支原体通过呼吸道传播，多发生于儿童、少年和青年，秋冬季较多见。此病占非细菌性肺炎的 1/3 以上。肺炎支原体的细胞膜上具有特殊结构，能吸附于宿主细胞表面，继而造成病损，可用红霉素、罗红霉素等治疗。人类被肺炎支原体感染后，血清中可出现具有保护性的抗体。患支原体肺炎后，人的免疫力并不牢固，有时仍可重复感染。有些患者，肺炎病灶虽已消失，血清中亦出现抗体，仍能继续排出支原体。

（3）螺旋体

螺旋体是一类细长、柔软、弯曲呈螺旋状、运动活泼的单细胞微生物。螺旋体在自然界及动物体内广泛存在，种类很多。对人致病的螺旋体有：①回归热螺旋体与奋森氏螺旋体；②分布广泛，也常存在于人的口腔内，能引起梅毒和雅司病的梅毒螺旋体和雅司螺旋体；③广泛分布于水中，能引起钩体病的钩端螺旋体。其中，钩体病在我国绝大多数地区都有发现。钩端螺旋体对热、酸、干燥和一般消毒剂均很敏感，在人的胃液中停留 30 分钟后会死亡，在胆汁中会被迅速破坏、完全溶解。鼠、家畜及青蛙等都是钩端螺旋体的自然寄主，也是主要传染源。钩体病主要发生在每年的夏秋季节，尤其是江河水泛滥、多雨的日子。钩端螺旋体的致病作用是内毒素和外毒素物质产生的纤维蛋白溶解酶等毒性酶的作用导致的。病原体由皮肤经血流散布到全身各脏器进行繁殖，可引起败血症。早期应用青霉素等治疗，病后可获得对同型菌株的持久免疫力。

（4）真菌（霉菌）

真菌在自然界分布极广，某些真菌经常寄生于健康人体内。当人体受某些因素影响而免疫功能降低时，就有可能引发严重的真菌病，如念珠菌病等，这称为内源性真菌病。真菌感染会受机体的生理状态影响，如婴儿易受白念珠菌侵害，引起鹅口疮。癌症、白血病及其他全身消耗性疾病，会降低机体的免疫功能，就使人较易发生继发性真菌病；大量使用抗生素、类固醇激素或免疫抑制剂，会使机体的抗病机能降低，并会抑制一些正常菌群的生长，使真菌有机会大量繁殖，导致菌群失调症。

皮肤癣菌主要侵犯皮肤、毛发和指甲，引起癣病，一般不会侵犯皮下等深部组织或内脏。患者常由于接触患癣的人、染菌物体及患癣的宠物（狗、猫等）而感染。在花生和谷类作物中寄生的黄曲霉所产生的黄曲霉毒素，有明显的致癌作用。

目前，人们对真菌感染尚无特异性预防方法，主要是注意公共卫生和个人卫生。制霉菌素、克霉唑等对皮肤癣菌病和念珠菌病等病有较好疗效。两性霉素 B 可用于治疗深部和全身性真菌感染。

4. 寄生虫

人体寄生虫可分为蠕虫和原虫两大类。蠕虫是多细胞动物，个体较大，一般肉眼可见。原虫是单细胞动物，需用显微镜才能看到，如引起疟疾的疟原虫。蠕虫和原虫寄生于人体的脏器和组织中，易引起寄生虫病。在我国不同地区普查时发现，中国人体内已有 60 多种寄生虫在肆虐，感染人数高达 6.4 亿。虽然各种传染病的发病率在下降，但寄生虫病仍严重地危害着人们的健康。

（1）寄生虫的生活史

寄生虫发展到感染阶段后，才能侵入人体继续发育。它们的侵入方式各有不同，有的随着被污染的手指和食物等，经口腔侵入而感染；有的则通过媒介昆虫的叮咬，经皮肤侵入而感染；还有的通过直接或间接接触皮肤或黏膜而感染。大多数人体寄生虫都是经口腔感染的，如蛔虫。严重的寄生虫病多是经皮肤侵入的，如钩虫。侵入人体后的寄生虫，大多数需要循着一定的途径移行，到达特定的寄生部位之后才能发育繁殖，如蛔虫和肺吸虫。

在寄生部位生活的寄生虫，有的可不断繁殖产生新的个体（原虫），有的可不断产出虫卵和幼虫（蠕虫），它们能通过一定的途径离开人体，排出外界。组织内或血液内的寄生虫大多是经过昆虫吸血而离开人体的，而血吸虫虫卵会从粪便中排出，肺吸虫虫卵则从痰中排出。此外，肠道寄生虫都是经肠道随粪便被排出人体的。

（2）寄生虫的致病作用

①机械作用。寄生虫对人体的机械损害主要表现为阻塞管道（如肠管、胆管、血管、淋巴管），破坏组织和压迫组织，尤其是虫体较大，数量较多时，这种危害更为严重。例如，蛔虫能钻入胆管引起阻塞，钩虫能咬破肠黏膜。我国寄生虫病防治专家指出：中国人感染寄生虫后继发各种并发症的人数，即使根据最保守的推算，每年也要达到 80 万人。

②毒性作用。寄生虫对人的毒性作用是由寄生虫的代谢产物、分泌物或死后的分解产物引起的，能使人产生炎症、毒性反应或过敏反应，尤其是组织内的寄生虫，它们的这种作用更为显著。例如：寄生于红细胞的疟原虫，它的代谢产物可使机体产生全身反应；蛔虫寄生在体内，常可使人出现过敏反应，如麻疹等。

③夺取营养。寄生虫在生长发育过程中，必须有各种营养作为其生长要素，而这些物质都需要由寄主供应。人体的营养物质因此就被寄生虫剥夺，这会对人体产生不良影响。例如：钩虫寄生会吸取血液，使人贫血；蛔虫寄生会夺取半消化食物，可使人人营养不良。

目前，人类已经积累了诊治寄生虫病的很多经验。养成良好的卫生习惯、加强自我防护是预防寄生虫病的首要环节。很多妇女莫名其妙地得了阴道滴虫病，究其原因，方知是她们不懂得卫生器具不能混用的道理；另一些因食鱼虾而患血吸虫性肝病的人，只要改变一下饮食方式，就能在尽尝美味的同时，避免损害健康。

四、卫生服务因素

卫生服务是指卫生机构和卫生专业职员为了防治疾病、增进健康，运用卫生资源和各种手段，有计划、有目的地向个人、群体和社会提供必要服务的活动过程。健全的医疗卫生机构、完备的服务网络、一定的卫生经济投入及合理的卫生资源配置，均对人群健康有促进作用。相反，如果卫生服务和社会医疗保障体系存在缺陷，就不可能有效地防治居民的疾病，促进居民的健康。

（一）健康教育

根据辖区内常见健康问题制订健康教育规划，遵循系统性、连续性、科学性和实用性的原则；针对老年人、妇女、儿童、残疾人、慢性病人或其他疾病患者不同阶段或生理状况下的特殊需要，开展相应的健康教育；开设社区居民健康教育学校（开课每月不少于一次），开展社区人群生理和心理健康的宣传教育，并注意季节性疾病的预防；设置固定的健康教育宣传橱（柜），定期更换（至少每月一次）；健康教育资料入户。

（二）卫生防疫

负责辖区内传染病的防治管理工作，建立传染病报告卡，及时登记并按时上报；负责辖区内计划免疫工作，建立规范化的接种门诊室，加强安全接种的宣传，保证及时预防接种；负责辖区内慢性病、肿瘤的管理工作；指导辖区内居民委员会除四害、讲卫生、净化居住环境；开展精神疾病的预防和管治工作；完成上级疾病控制中心布置的工作任务。

（三）妇幼保健和计划生育技术指导

在辖区内开展妇女保健、计划生育和和优生优育宣传、咨询服务，积极防治妇女、儿童常见病、多发病；掌握辖区内的孕情（包括流动人口），按孕产妇系统管理要求，负责或协助做好孕产妇的产前检查，对围产期妇女进行定期家访和随访；对高危孕产妇建立专案管理，努力降低孕产妇和围产儿死亡率；掌握辖区内儿童的出生与死亡情况，按儿童保健系统管理要求，对0周岁至6周岁儿童进行定期的健康检查和生长发育监测与评价，做好体弱儿童和残疾儿童的专案管理工作；积极开展儿童口腔、眼、耳的保健工作；开展孕产妇死亡、儿童死亡、出生缺陷监测工作；协助有关部门做好流动人口计划生育管理。

（四）康复服务

与残联系统共同开展残疾人康复服务，建立残疾人档案，定期为社区内需要康复训练的残疾人制订康复训练计划，记录康复训练情况；负责社区康复保健人员及残疾人亲属的康复技术培训，普及康复知识；做好恢复期病人康复服务；做好慢性病康复服务。

（五）医疗服务

运用适宜的中西医技术，开展一般常见病、多发病的诊治；提供院前急救和急诊服务，开展上门医疗、家庭护理，设立家庭病床等服务；对疑难、重危病人或特需病人开展会诊、转诊服务；提供口腔、精神卫生和心理咨询服务；开展临终关怀服务；与家庭签订保健合同，建立个人和家庭健康档案，为个人和家庭提供医疗、预防、保健、康复、健康教育、计划生育技术指导等服务；开展家访和随访服务；开通医疗求助热线电话和开展医疗预约服务。

（六）卫生信息

掌握辖区内0周岁至6周岁儿童、育龄妇女基础资料，建立60周岁以上辖区内人群的健康档案；建立社区人群疾病、死亡、人口统计、儿童健康、妇女保健的资料分析库，加强对资料的管理使用；做好辖区内社区卫生信息资料的收集、整理、统计、分析与上报工作。

本节所述影响人类健康的四类因素中，行为和生活方式因素受到人们越来越多的关注和重视，行为干预将是促进健康强有力的方式之一。而以个人、群体的行为改变和环境改变为着眼点的健康教育就成为全球第二次公共卫生革命的核心策略。

第三节　健康教育与健康促进

一、健康教育

"人人为健康，健康为人人"是世界卫生组织的全球战略目标。健康是基本人权之一，是社会和经济发展的基础，是人类发展的中心。许多国家的政府和卫生部门已普遍认识到健康教育和健康促进是当今社会防治因不良的行为和生活方式所引起的慢性非传染性疾病的最有力手段，是一项投入少、效益高的活动，是降低国家巨额医疗费用的最有效措施。

（一）健康教育的含义

健康教育是通过信息传播和行为干预，帮助个人和群体掌握卫生保健知识、树立健康观念、自愿选择有利于健康的行为和生活方式的教育活动与过程。其目的如下：①消除或减轻影响健康的危险因素；②预防疾病；③促进健康；④提高生活质量。

（二）健康教育的特点

健康教育有如下特点：①以预防为主，以促进健康为目标，强调自我保健；②核心是教育人们树立健康意识，养成良好的行为习惯；③实质是一种行为干预，它提供人们改变行为所必需的知识、技术与服务等，使人们在面临促进健康、疾病预防、治疗、康复等各个层次的健康问题时，有能力做出行为选择；④它是一个系统工程，有计划、有组织、有评价。健康教育与传统意义上的卫生宣传不同，传统的卫生宣传通常只指知识的单向传播，不注重宣传结果的评价和反馈。

健康教育的着眼点是促进个人或群体改变不良的行为和生活方式。行为改变、习惯养成和生活方式的进步是健康教育的重要目标。为此，首先要使个体或群体掌握卫生保健知识，提高认识水平，建立追求健康的理念，并自觉自愿而不是勉强地改善自己的行为与生活方式。

（三）健康教育的意义

1. 健康教育是卫生事业发展的必然趋势

随着疾病谱的改变，传染性疾病和营养不良已不再是人类的主要死因，取而代之的是慢性非传染性疾病。研究表明，不良的行为和生活方式是慢性非传染性疾病的主要诱因。解决行为和生活方式问题，不能指望医药，而应通过健康教育促使人们建立新的行为和生活方式，减少危险因素，预防各种"生活方式病"，从而促进健康。因此世界卫生组织把健康教育列为初级卫生保健八项任务之首，并指出健康教育是所有卫生问题、预防方法及控制措施中最为重要的。由此可见，健康教育是卫生保健事业发展的必然趋势。

2. 健康教育是一项低投入、高产出、高效益的保健措施

当今社会，冠心病、肿瘤、中风等慢性非传染性疾病已替代传染性疾病和营养不良成为人类的主要死因。慢性非传染性疾病是不健康的行为和生活方式、严重污染的自然环境和有害的社会因素所造成的，而不是生物因素所致。对这类疾病来说，运用控制传染病的方法去防治会显得十分无力。然而，通过健康教育，引导人们摒弃陋习，自愿采纳科学、健康的行为和生活方式，消除危险因素，促进健康已取得明显成效。美国疾病控制与预防中心研究指出：如果美国男性公民不吸烟、不过量饮酒、合理饮食和经常进行锻炼，其预期寿命可望延长 10 年。而美国每年投资数千亿资金用于临床医疗，却难以使人口预期寿命增加 1 年。实践证明，健康教育是一项投入少、产出高、效益高的重要保健措施。

3. 健康教育是提高人们自我保健意识的重要渠道

自我保健是人们为维护和增进健康，为预防、发现和治疗疾病，自己采取的卫生行为及做出的与健康有关的决定。自我保健的意识和能力不能自发地产生和拥有，只能通过健康教育才能掌握和提高。健康教育能增强人们自我保健的自觉性和主动性，促使人们实行躯体上的自我保护、心理上的自我调节、行为与生活方式上的自我控制和人际关系上的自我调整，提高整体医学文化水平，提高人口健康素质。

（四）大学生健康教育基本要求

国家教委（现教育部）于1993年1月颁布《大学生健康教育基本要求（试行）》作为高等学校对大学生开展健康教育的指导法规，有以下五项要求。

（1）帮助大学生树立现代的健康意识，使他们真正认识健康不仅是躯体无病、体格健壮，还应有良好的心理素质和社会适应能力。

（2）使大学生掌握必要的卫生防病知识和急救知识，养成用脑卫生、用眼卫生、起居卫生、运动卫生、环境卫生、心理卫生、性卫生、营养和饮食卫生等良好的习惯，并督促他们身体力行，以增进自我保健的能力。

（3）使大学生认识到不健康的行为和生活方式（最突出的表现为吸烟、酗酒、膳食结构不合理、缺少体育运动和心理应激）给自身健康带来的危害，帮助他们改变不健康的行为和不良的生活方式。

（4）使大学生强烈地意识到健康是当代人才的重要素质。并进一步认识到增进健康是历史赋予大学生的使命，这不仅是对自己负责，也是对社会负责，从而增强他们维护健康的责任感和自觉性。

（5）针对大学生健康方面存在的问题进行教育，并从大学生卫生知识的掌握、良好卫生习惯和生活方式的形成及体质健康状况的改善等方面来检验健康教育课的效果。不断充实教育内容，改进教育方法，提高教育效果，总结和交流教育方法，探索具有中国特色的大学生健康教育模式和体系。

《全国健康教育与健康促进工作规划纲要（2005—2010年）》对学校健康教育与健康促进的具体要求是：开设健康教育课，开展多种形式的健康教育活动；加强健康行为养成教育，重点做好心理健康、控制吸烟、环境保护、远离毒品、预防艾滋病、意外伤害等健康教育工作。

二、健康促进

（一）健康促进的含义

健康促进一词最早出现于20世纪20年代。20世纪70年代后越来越受到世界各国的重视，近10年来得到迅速发展，但至今仍没有一个世界公认的标准定义。世界卫生组织曾给健康促进做出如下定义："健康促进是促进人们维护和提高他们自身健康的过程，是协调人类与环境之间的战略，规定个人与社会对健康各自所负的责任。" 1995年，世界卫生组织西太平洋地区办事处发表的《健康新视野》指出："健康促进是指个人与其家庭、社区和国家一起采取措施，鼓励健康的行为，增强人们改进和处理自身健康问题的能力。"

（二）健康促进的内容

健康促进是综合的教育，是调动社会、经济和政治的广泛力量，改善人群健康的活动过程，它不仅包括旨在增强个体和群体知识技能的健康教育活动，更包括直接改变社会、经济和环境条件的活动。健康促进包括五个方面的内容。

（1）制定促进健康的公共政策。健康促进的含义已超出了卫生保健的范畴，它涉及多个方面，包括立法、财政、组织、社会开发等。这就要求非卫生行政部门建立和实行健康促进政策，使人们更容易做出有利于健康的选择。

（2）创造支持健康的环境。健康促进必须为人们创造舒适、安全、愉快、满意的生活和工作环境。创造支持健康的环境要求系统地评估变化的环境对健康的影响，以保证社会和自然环境有利于健康的发展。

（3）加强社区行为。健康促进工作是通过具体有效的社区活动实现的，应充分发挥社区的力量，挖掘社区资源，让居民积极有效地参与卫生保健计划的制订和执行过程，以有效促进健康。

（4）发展个人技能。健康促进通过提供健康信息，教育并提高人们做出健康选择的技能，以支持个人和社会的发展，使人们能更好地控制自己的健康和环境，不断地从生活中学习健康知识，有准备地应对人生各个阶段可能出现的健康问题，并很好地应对慢性病和外伤。学校、家庭、工作单位和社区都要帮助人们做到这一点。

（5）调整卫生服务方向。健康促进中的卫生服务责任由个人、社会团体、卫生专业人员、卫生部门、工商机构和政府等共同分担。各机构必须共同努力，建立一个有利于健康的卫生保健系统，优化资源配置，调整卫生服务类型和方向，让最广大的人群受益。

健康教育与健康促进互为依存，但二者不可相互替代。健康教育是健康促进的基础，健康促进如不以健康教育为先导，则是无源之水；而健康教育如不向健康促进发展，其作用就会受到极大限制。与健康教育相比，健康促进集健康教育、行政措施、环境支持于一体，它不仅涵盖了健康教育信息传播和行为干预的内容，还强调行为改变所需要的组织支持、政策支持、经济支持等环境改变的各项策略。

第二章　大学生健康素养与健康教育

第一节　大学生健康素养与健康教育的关系

十九大报告提出"实施健康中国战略"，将全民健康问题上升到了国家发展战略的高度。中共中央、国务院印发的《"健康中国 2030"规划纲要》中也指出要普及健康生活。首先，普及健康生活的重点工作是提高全民健康素质，只有改变国民生活的意识，才能从根本上推动国民健康素质的提高。而大学生作为祖国建设的栋梁，是中国在未来科技、经济、政治等领域的中流砥柱，拥有健康的身体素质、积极向上的心理是十分必要的。其次，通过高校的健康教育，培养当代大学生科学的健康观，也能推进健康教育在未来更加完善的发展，加快健康教育制度的完善，为健康中国添砖助力。最后，良好的健康素养，是当代大学生应该有的基础素质。拥有基本的健康知识、理念及良好的生活方式，是高校进行健康教育的目标，这些也是每个新时代的接班人应该肩负的责任。所以，高校要促进健康知识的普及，大学生也要提高对健康教育的重视，从而在根本上改变祖国新一代年轻人对于美好生活的认知，营造健康生活的氛围。

一、健康素养的内涵

健康素养是指个人获取和理解健康信息，并运用这些信息维护和促进自身健康的能力，从而形成个人健康的可持续发展。健康素养包括三个方面的内容：基本的健康知识、健康的生活方式和行为、基本技能。

首先，基本的健康知识是健康素养的基础。个人通过学校的学习、父母的教育和社会氛围潜移默化的渲染，可以实现对健康知识的获取。人们要接收正确的健康知识，为自己健康素养打下牢固的地基。现阶段健康知识的获取渠道需要正规化，要反对伪健康知识的宣传。其次，健康生活方式和行为是健康素养的两翼，能保护个人自身健康的发展。个人通过对健康知识的学习，自觉运用这些健康知识，能改变自身的生活习惯和行为。正确的生活方式和行为习惯，是人生美好发展的基础。最后，基本技能是健康素养的突出表现形式。在遇到突发的危机情况时，第一时间做出的应激反应，是个人健康素养的体现。接受过良好且正确健康知识的人，能在紧要关头，做出准确的判断，从而最大限度地降低危害。

二、健康素养的标准

健康素养是一种能力，包括获得基本的健康知识、健康的生活方式和行为、基本技能。我国从健康素养的三个方面出发，在 2008 年提出了"中国公民健康素养 66 条"，同时制定了《中国公民健康素养 —— 基本知识与技能（试行）》，将健康素养逐渐标准化。"中国公民健康素养 66 条"第一部分（1～25）为基本的健康知识和理念，健康不仅仅是身体健康和心理健康还有社会发展的良好状态。第二部分（26～59）为健康的生活方式和行为，自身良好的生活习惯和行为方式能维护自身和他人的健康。第三部分（60～66）为基本技能，基本的安全、急救常识能维护良好的社会秩序和他人的安全。"中国公民健康素养 66 条"是我国初步提倡国民健康行为和健康素养的准则。健康素养是衡量国民健康水平和国家基本公共卫生重要的标准。健康素养已经纳入《"健康中国 2030"规划纲要》和《"十三五"卫生与健康规划》，成为衡量群众健康的重要指标。国家提出到 2020 年国民健康素养需要达到 20 %，中国特色社会主义医疗体系覆盖城乡居民，国民健康素养水平持续提高，健康医疗体系完善高效，人人享有基本医疗服务和基本体育健康服务，健康指标居于中高收入国家前列。到 2030 年，国民健康体系更加完善，人民健康素养水平不断提高，主要健康指标进入高收入国家行列。到 2050 年，建成与社会主义现代化国家相适应的健康国家。

三、健康与健康素养的关系

健康指一个人在身体、精神和社会等方面都处于良好状态，主要包括三个方面：一是脏器无疾病，身形发育良好，人体各个系统都具有良性的生理功能，有良好的身体活动能力和劳动能力，这也是对健康最基本的要求；二是对疾病的抵抗能力较强，能适应环境的变化；三是拥有积极向上的心理和良好的社会状态。同时，现代人的健康内容主要包括：躯体健康、心理健康、心灵健康、社会健康、智力健康、道德健康、环境健康等。而健康素养是一种能力，是个人获取和理解健康信息，并运用这些信息维护和促进自身健康的能力。健康和健康素养，都是为了促进个人身体、精神和社会相处的良好发展。但两者在根本上是有区别的。

首先，本质不同。健康是一种输入、输出的动态平衡状态，而健康素养是一种能力；健康代表着整个人身体、精神、与社会相处的情况，而健康素养是通过对健康知识的获取，维护自身健康的一种能力。其次，内容不同。健康所包含的躯体健康、精神健康、社会健康等，是衡量一个人是否健康的标准；而健康素养所包含的是基本的健康知识、健康的生活方式和行为、基本技能，是个人维护健康的一种方式和能力。最后，两者的目的不同。健康是衡量一个人在各个方面是否优良发展的标准，而健康素养的目的是为个人可持续发展提供帮助。所以，健康素养是行动者，而健康是终极目标。

两者的关系是枝与叶的关系，只有具备了良好的健康素养，才能拥有健康。健康素养越好的人，才能最大限度地维持健康的发展。我国国民健康素养也在不断地提升，《2017 年我国卫生健康事业发展统计公报》显示，我国居民人均预期寿命由 2016 年 76.5 岁提高到 76.7 岁。所以，健康知识的正确普及，对我国人民的健康发展而言颇为重要。

四、健康素养与健康教育的关系

健康教育是有计划、有组织、有系统的社会教育活动，能让人们自觉采用有益于健康的生活方式，从而降低或消除疾病的发生，促进健康，提高生活质量。健康教育与健康素养是相互促进的关系，大学生受到的健康教育越高，相应的健康素养也会越高。同时，拥有较高健康素养的学生对学校健康教育课堂、活动、政策的理解和接受也会更加顺利。

（一）健康素养水平是衡量健康教育发展的标准

健康素养高度发展的国家，健康教育水平也会随着健康素养的发展而不断提升，因此健康素养的高低可以衡量一个国家健康教育发展的水平。美国大学生的健康素养一直处于世界先进水平。美国高校的健康管理专业是最热门的专业之一。在美国，健康管理服务业已经成为最大的行业，社会需要大量的健康管理人才，个人护理助理、医务秘书、健康管理师等行业发展迅猛。相关内容在本科一般只能在公共卫生学院学习，而健康管理的专业在硕士才有设置。健康管理是一门综合性较强的学科，学生要学习生物学知识、数学知识、社会科学知识、公共卫生知识、健康管理知识等多方面的知识。美国健康管理专业学生的就业率非常高，其就业的领域也比较广泛，包括医疗机构、高校、保险公司、非营利组织等。在人才的培养过程中，美国注重对知识实用性和专业性的培养。美国健康管理人才的培养体系已经十分完善，培养的人才日益职业化，这大大推动了健康管理事业的发展。美国是健康素养较高的国家，对于健康教育工作的配合程度相较其他国家也有大幅地提升。学生对于健康教育的认可度和遵守度也比较高。

我国大学生的健康素养现在还处于相对较低的水平。大学生虽然接受了健康教育，但大部分不能遵守健康知识，不能自觉转化为健康理念，以维护自身健康。但近年来，我国研究大学生健康素养的文献越来越多。在知网搜索大学生健康素养，共有 200 余篇相关文献。2007 年至 2021 年，每年研究大学生健康素养的文章都在逐步增加，大学生健康教育逐渐成为大家关注的焦点。而我国大学生对于健康教育的需求程度也越来越高，在高校心理咨询室里咨询的大学生的数量也在逐步提高。大学生对于健康的认知在不断地更新，学习健康管理的大学生数量也在不断提高。

总之，通过对中美两个国家大学生健康素养推动健康教育进行分析，可以发现大学生健康素养越高，越能推动健康教育事业的发展，而健康素养的高低也能衡量一个国家健康教育发展水平的高低。

（二）健康教育是提升健康素养水平的途径

健康教育能推动健康素养的发展，它是健康素养发展的重要手段和途径。美国是关注健康教育最早的国家，美国的密歇根大学建立了世界上第一个高校健康管理研究中心。1995 年美国颁布《国家健康教育标准》，这是美国各州学校健康教育的指导性文件。美国每所高校都有公共健康课程，以提高民众的健康管理意识。体育竞技在美国大学校园里散发出强大的活力。美国的高校有十分丰富的体育竞技俱乐部种类。许多体育明星都是从俱乐部比赛中脱颖而出的。高校体育比赛会选拔出很多的国家运动员，美国的游泳健将菲尔普斯就是在上大学时候被选拔参赛的，所以美国高校联合体育比赛的水准很高。此外，美国的学校对体育竞技也十分重视，大部分高校会用奖学金吸引拥有体育特长的学生。国民对健康管理意识的日益重视，使社会和学校更加推动健康知识的宣传，无形之中也推动着美国健康管理行业的发展。所以，美国大学生的健康素养在世界上一直处于先进水平。

在我国，随着近些年教育部对于高校健康教育的重视，我国高校大学生的健康素养有了明显的提高。调查研究显示，大学生健康知识的水平已经达到了 66.2 %。而生活习惯和行为方式的健康率在报告中显示为 25.7 %。我国健康知识在高校的普及率明显提高。同时，高校近年来的健康教育也不断促进我国大学生健康素养的发展。

总之，通过国内外健康教育的发展对比，我们可以清晰地看到，健康教育制度发展越完善的国家，大学生的健康素养相对来说也比较高。因此，推动我国大学生健康素养发展的关键就是健康教育制度的完善。

第二节 大学生健康素养与健康教育
存在问题的原因

大学生健康素养会受到社会经济、文化、高校教育、家庭及个人的影响。经济相对发达的地区，学生的健康教育水平相对较高，父母的文化程度与大学生健康素养水平成正比，高校的健康教育水平直接影响学生的健康素养水平的高低。此外，个人的懒惰心理也是大学生健康素养低下的原因。

一、社会因素影响大学生健康素养

大学生的生源地是影响其健康素养的原因之一。经济发达的地区，民众的健康素养水平也相对较高。因为经济发展较快的地区，医疗设施完善且交通便利，有利于居民对最新健康信息的吸收，政府对居民的健康素养也会投入更多的关注。而偏远地区的居民，由于设施的不完善及交通的不便，很多先进的健康知识不能得到有效的传播，政府关注的重点是如何发展经济，对基础医疗设施的投入相对较少，营造的社会氛围与经济发达地区相比也有所不同。因此，不同地区的学生对健康素养的认识水平也不尽相同。

社会对健康教育的认识不足会影响大学生的健康素养。受到传统观念的影响，人们认为在公共场合开展性知识的教育与宣传是十分不雅的。所以，大学生受到社会文化的影响，对性知识并不了解，导致许多悲剧的发生。社会对高校心理咨询室的认知存在误解，将去心理咨询室与有精神疾病联系在一起，导致很多学生羞于了解心理知识，弱化了心理咨询在高校和学生心目中的地位。

二、高校健康教育课程边缘化

我国高校长期以来只重视科研项目的研究，对学生的健康素养的关注程度较低。部分高校的领导自身的健康素养水平较低，对健康素养的认识不足，所以将健康教育课程等同于体育课，健康教育教材的实用性较低。校内医疗设施老旧，心理咨询室的形式化，导致学生对健康教育的重视程度也逐渐降低。对昆明市大学生进行调查研究后发现，医学专业学生的健康素养明显高于非医学专业学生，说明高校的健康教育情况直接影响学生健康素养的高低。所以，部分高校领导应转变对于健康素养的认识，改变传统的教学方式，逐渐提高学生对维护自身健康的关注。

我国健康教育课程起步晚，部分高校领导将健康教育课程与体育课等同，健康教育观念老旧。健康教育课程的大部分教师没有经过系统的学习，对专业的健康教育问题不能提供解决的意见和建议。健康教育体系并不完善，课程评估体系不能有效评估学生对健康知识的了解和运用的情况。这些因素都导致健康教育课程的逐渐边缘化，导致学生对健康教育课程的重视程度不足，从而形成恶性循环。学校越不重视健康教育课程，学生就越忽视自身的健康。所以，应完善大学生健康教育体系，培养专业化、职业化的健康教育教师，建设行之有效的健康教育课程评估体系，更新健康教育相关的设备，提升高校领导对健康素养的认知，从而逐渐营造一个积极健康向上的校园氛围，形成良性循环的健康教育模式，使我国的健康教育事业不断发展。

三、家庭忽视对大学生健康素养的关注

父母的文化程度是影响学生健康素养的重要因素之一。父母是孩子的启蒙老师，家庭环境会影响孩子的身心成长。对于天津市某理工类大学本科生健康素养现状及其影响因素的调查研究发现，母亲从事脑力劳动的学生的健康素养比母亲从事体力劳动的学生的健康素养高。因为从事脑力劳动的母亲的文化程度相对较高，在工作单位提供的各种培训中提高了自身的健康素养，能在家庭中营造了一个相对和谐的家庭氛围。研究还发现父亲的文化水平对孩子的健康素养并没有直接的影响，因为在中国的传统家庭模式中，母亲陪伴孩子的时间要比父亲多。所以，在一般的家庭中，母亲对孩子健康素养的影响比较大。

是否是独生子女也是影响学生健康素养的因素之一。对于衡阳市某高校

大学生健康素养现状及影响因素的研究发现，独生子女的健康素养水平高于非独生子女。这是因为家庭对子女的关注度不同，独生子女在家庭中受到了更多的关注，受到了父母无微不至地照顾，父母所有的关注都放在孩子身上，对孩子有更高的要求。而非独生子女的一般出生于农村家庭，父母的文化程度并不高，对子女的关注也不足。同时，在闭塞的农村，父母缺少科学的世界观和人生观，也缺乏对孩子性知识的教育。

四、大学生忽略对自我健康素养的关注

个人原因也是影响大学生健康素养的因素之一。懒惰和拖延症已经成为大部分学生的通病，这是因为当代大学生大部分是独生子女，父母无微不至地对其生活进行照顾，孩子缺乏独立生活的能力，也养成了懒惰的习惯。学生对父母的依赖性较强，自己解决问题的能力不足，办事拖延。原来有父母关心自身的健康，进入大学校园独立生活后，大学生忙于应对学校学业和宿舍生活的问题，对自身健康的关注不足。学生对小病的不断拖延，最终会酿成不可逆转的后果。同时，刚刚进入大学的校门，没有了高三高强度学习的压力，完成了此阶段的人生目标，大学生对未来生活充满了迷茫，做事缺少计划性。高中生活和大学生活在学习方式、人际关系处理上都有很大的区别。在大学里学生有更多的时间可以自主安排学习和生活，而在高中时学生的时间每天被学校课程安排得清清楚楚。这导致很多学生缺乏对学习和生活的计划性。大学生的健康素养也受到惰性的影响，学生养成了晚睡、依赖电子产品和智能产品、吸烟等不健康的生活习惯，所以去除惰性也是促进大学生健康素养的重要方式。

大学宿舍的学生来自五湖四海，学生的健康素养也有差异，沿海等发达地区的学生与偏远地区的学生相比，健康素养较高，宿舍同学之间的相互沟通可以营造良好健康素养的氛围，可以帮助健康素养较差的同学提高自身的健康素养。宿舍如果形成不好的健康氛围就会导致本来健康素养较好的同学逐渐失去健康的生活方式和行为习惯，所以宿舍也是大学生形成良好健康素养的关键。

第三节　大学生健康素养与健康教育的
实现途径

一、营造积极健康的高校氛围

（一）多样化的宣传渠道

当前对我国大学生的调查显示，学生已经获得了健康的基本知识，并了解健康的生活方式及技能，但在体能检测和体质检测中，学生的成绩不断下降。由此可以看出，学生缺乏维护健康的意识和行动力，在学习了基本知识后，并没有将自己所学的知识运用到生活当中，所以让学生认识到健康的重要性是十分重要的。树立"以人为本"的健康意识，应用多样化的方式和手段，吸引学生的兴趣和意力，从而更好提高学生的健康素养。

1. 利用新媒体技术

随着科技的进步，当代人们获取信息的主要途径已由传统的书本转变为网络，新媒体已经成为学生学习和获取健康信息的主要方式。因此，高校应充分利用新媒体，以达到提升学生健康素养的目的。现阶段，部分高校已经开通关于健康教育的网络课程，但收效甚微。随着智能时代的到来，健康教育也应该跟上时代的脚步，逐渐智能化、人性化，增加了互动性。智能化的健康教育方式更加能吸引学生的兴趣，如智能手机中的智能运动测试系统、智能手表等都是关于健康的智能产品，这些智能健康产品，能更好地促进人们对自身健康的关心。健康与人们的日常生活息息相关，让健康教育通过智能化的方式进入学生的生活，学生的接受度相对来说会更高。相比于传统的教学方式，充分利用新媒体能使教学效果事半功倍。因此，利用新媒体和智能化的教育手段，能提高学生对健康教育的接受度，从而让他们形成自觉维护健康的意识。

2. 净化宣传渠道

现阶段网络信息已经成为学生获取健康知识的主要渠道，大学阶段，是学生身心发育的关键时期，而高校健康教育的教材主要针对体育卫生教育，针对符合学生身心发育特点的健康教育很少，尤其是有关大学生性方面的健康教育更少。网络上有很多黄赌毒的不健康意识，会对大学生的身心发展产生严重影响。同时，网络广告成为生活中最常见的宣传形式，这种宣传形式为了销售产品，会传播一些伪健康知识，从而对学生有所误导。大学生正处在学校与社会的交叉地带，身心发育并不成熟，容易受到虚假广告的影响。2013 年，我国公安部共打击利用网络发布、销售假药的犯罪团伙 400 多个、1300 多人，涉案价值 22 亿。2016 年发布的《国家网络空间安全战略》提出，要推进网络空间和平、安全、开放、合作、有序，维护国家主权、安全、发展利益，实现建设网络强国的战略目标。为了学生身心的健康发展，必须打击网络黄赌毒及虚假健康宣传。

3. 以互动性的宣传为主

高校对于健康教育的宣传，一般采用传统的健康讲座的方式。这种方式互动性较少，并不能引起学生维护健康的兴趣。同时，健康知识内容本身又比较枯燥无聊，学生对维护健康更加提不起兴趣。但健康是关乎自身的重要问题，增强健康教育的互动性，能够更好地宣传健康知识，让学生了解健康的重要性。互动性的宣传，能够在吸引学生的兴趣同时提高学生对健康的重视。以互动性为主的健康教育方式，首先能够引起学生对于维护健康的兴趣。其次，能增加学生的参与度，形成以学生为主的学习方式，让学生直观地感受健康锻炼带给自身的好处。总之，以互动性为主的宣传，能为高校带来不同的气氛，营造一个健康的生活氛围，从而提高大学生对健康的重视程度。

（二）丰富多彩的社团文化

大学社团是学生自愿组织的群众性团体，在校党委、团委的领导下，在学生会的带领下，组织开展健康、积极、有益的文化、科技、体育、艺术等活动。这些活动，既能丰富同学们的业余文化生活，又可以培养学生的综合素质。社团活动既不同于课堂的专业学习，又与自身的全面发展有着密切的联系。通过社团活动，学生能开阔视野，培养创新精神和实验能力，为他们实现自己的人生理想、从容地面对社会生活打下坚实的基础。高校的社团一般都围绕音乐、美术等开展活动，除体育部外，很少有关于提高学生健康素养的社团。创建与体育锻炼和心理健康有关的社团，有利于宣传健康知识，带动高校健康氛围，营造健康向上的校园气氛。

　　建立丰富的健康社团，会带动多彩的健康教育宣传活动，从而创造一个积极向上的校园环境。美国高校各种体育社团和俱乐部的发展水平很高，美国的很多国家运动员都是从各个高校的社团和俱乐部中选拔而出的。所以，建设高素质、高水平的社团和俱乐部，对我国健康事业的发展来说十分有利。

　　我国的健康教育从 20 世纪 50 年代开始，最初注重学生身体素质的发展，之后是培养学生对体育锻炼的兴趣。直到 2012 年，国家开始关注学生的心理健康。2017 年，国家开始关注学生的健康素养。我国的健康教育是一个不断发展的过程，健康素养是从根本上改变学生对健康的认知和意识，使其将健康的观念内化，成为自身的理念。随着时代的发展，形成和发扬"以人为本，健康第一"的生活理念是每个当代大学生应该承担的社会责任。

二、优化高校健康教育的途径

　　建设以互动性为主的课程模式，可以引起学生对健康课程的兴趣。此外，要加强教材的针对性和实用性，形成灵活有效的健康课程评估体系，培养专业的师资力量，构建专业化的健康教育制度体系，从而优化我国高校的健康教育课程体系。

（一）以活动为主的健康教育模式

　　我国的健康教育课程，以体育课和健康讲座为主，而体育课占了高校健康教育课程的大部分时间，健康理论课的时间比较少。学生对健康课程的不重视和讲座缺乏互动性，导致健康教育课程并没有达到真正的效果。增加高校健康教育的课时，有利于学生对于健康的认知和维护及健康观念的改变。首先，要保证健康教育课时的时长，将体育课和健康教育课程交替进行，增加健康教育理论课的时长，同时在体育课中加入健康的知识理论。其次，选择以活动为主的健康教育方式，在活动中穿插健康教育，从而让学生在了解健康教育理论的同时，激发学生对健康教育的兴趣。通过心理测试、情景剧、表演、影片等形式加强学生对某些疾病的认知和对不健康的生活习惯和行为方式的了解，从而增强学生维护健康的意识，将健康知识和观念理解和内化。将课堂知识与社团形式相结合，营造一个健康向上的高校氛围。由于大学生身体各个方面正处于良好的状态，在健康教育中只需通过简单的瑜伽等方式对健康进行维护，以辅助学生健康的良好发展。同时，大学生在受到健康教育时，应该承担更多的社会责任，宣传和发扬健康生活的理念，帮助同学、朋友、家人等建立对健康的正确认识，将健康的理念扩展到周围的生活圈子，营造一个积极健康的生活范围。

（二）增强教材的针对性和实用性

我国的健康教育教材主要是 1998 年由北京大学出版社出版的《大学生健康教育》，但仍有部分高校使用的本省所编订的健康教育教材，所以教材没有统一的版本，缺乏系统性和整体性。应统一各省的体测结果和体质及心理测试，根据各省大学生现阶段身心发展特点，制定符合全国高校学生的健康教育教材。2012 年我国开始关注大学生的心理健康问题，而教材的编写时间是 1998 年，对于大学生的心理健康并没有具体的关注。同时，大学生健康教育教材的内容一般会将体育卫生教育和大学生健康教育混在一起，并没有做出具体的区分。部分高校对于健康教育的不重视，导致教材并没有时效性。大学期间，学生正在由稚嫩向成人期过渡，身心都会发生重大的变化，而教材应针对大学生高校期间的身心变化来编写。应根据大学生在此阶段的发展特点编写健康教材，加强教材的系统性。同时，现阶段我国健康教育教材内容主要针对体育卫生教育的，缺乏实用性，对大学生学习、生活、工作等方面，并没有给出指导性的意见和建议，所以大学生对健康教育教材的重视不够，教材的阅读量不足。为了运用有效的手段辅导学生的身心健康，应增强教材的实用性，在教材中加入对学生现阶段遇到的心理问题的疏导，教给学生疏导心理的方式和方法。应改变单一的教学内容，增强教学的内容的趣味性，从而引起学生对健康教育的关注。

因此，应该收集全国各个高校的身体及心理测试结果，进行系统和缜密的分析，汇集专业的健康教育人才及心理学专家，编写针对大学生身心发展特点的教材。同时，教材中应有具体有效的维护身心健康的手段和方法，从而增强教材的时效性和实用性。

（三）网络智能与课程评估制度相结合

我国高校健康教育课程的教学模式主要以"教材、课堂、教师"为中心，对教学效果的评价一般采用书面考察的方式，这种方式对健康教育课程评价的而言有局限性，因为只是对健康基础知识进行了考察。自制《大学生健康素养及健康教育调查问卷》的调查结果显示，有 80 ％的学生了解基本的健康知识。可学生的生活方式和行为习惯仍然较差，这说明学生在实际运用健康知识的过程中，执行力比较差。所以书面的健康教育考察并不能起到较好的效果。现阶段，手机等智能设备已经成为大学生人人必备的物品。市面上的几乎所有的智能设备都在开发检测人体健康的系统，因此可以将智能设备测试和书面考察相结合，形成对学生健康教育效果的多渠道监控，实现灵活多样的健康教育评估。同时，对大学生健康教育进行有效的考察评估，也能促进学校和教师的健康教育水平。

（四）建设专业的师资队伍

2015 年的高等教育资金投入超过 2005 年的 2 倍，高校大部分资金投入教学和科研当中。由于长久以来高校对健康教育的不重视，对高校健康教育的投入相对较少。因为健康教育是一个多学科交叉的教育课程，对教师的要求较高，所以应培养专业的健康教育教师，加强健康教育相关专业的投入，培养专业的人才，增强现有老师的专业度。同时，健康教育老师应该跟上时代的脚步，掌握现代化的健康教育理念。学校应鼓励教师提升自身的专业知识，掌握有效的健康教育手段，将国际先进的健康知识带入教学课堂，提升学生对健康的认知。应逐渐培养专业化、职业化、多样化的健康教育教师，将教师的专业细分，由专业的老师负责专业的学科，使学生对各个学科有更加清晰和正确的认识，以更好地提高学生的健康素养。此外，健康教育是一个需要较长时间研究的学科，需要长时间地投入资金和精力。因此，高校需要源源不断地培养健康教育人才，不断发展健康教育，与时俱进，才能对我国的健康教育起到促进的作用。

（五）加强健康教育基础设施的投入

健康教育在我国起步比较晚，各个高校的健康教育基础设施还不完善。而且由于部分高校对健康课程的不重视，对健康教育基础设施的投入较少，尤其部分高校的体育设施的老旧，很多设施被废弃。应合理规划废弃体育设施，循环利用，或购买新的体育设备，加强教学和教育的投入，激发学生对于体育锻炼的兴趣，提高学生的健康素养。同时，高校的医院设备老旧，不能满足学生对各种疾病的治疗和检查需求。校医院的很多设备都是地区医院等大型医院所淘汰的，这些医疗设备已经不能满足现阶段大学生的需求，还有可能存在误诊的情况，从而导致更多悲剧的发生。所以，形成以校医院为中心的健康保健体系是十分重要的，校医院应该同时加强个人保健和个人卫生的宣传，提高大学生的健康保健意识。

应重视建设学校心理咨询室，为学生在生理和心理上提供优质的健康服务，保障学生的身心健康成长。由于传统观念的束缚，学校和学生对心理咨询存在一定的误解，将简单的心理问题跟精神疾病直接联系在一起，所以对心理健康不够重视。部分高校的心理咨询室只有心理咨询老师和简单的办公室，设备老旧或者说没有心理检测或者心理治疗的设备，心理咨询的方式不能与时俱进。所以，加大对心理咨询设备的投入有利于学生和老师更好地发现问题、解决问题。同时在一定程度上还可以激发大学生对心理咨询室的兴趣，慢慢转变观念，逐渐认同心理咨询室。

三、构建多维度的健康教育体系

高校应树立"健康第一"的指导思想，注重培养学生健康生活的观念。由高校的健康教育课程逐渐转变为健康促进，带动家庭和社会，从而使整个社会形成积极健康的生活氛围，为健康中国事业添砖助力。

（一）高校树立"健康第一"的教育理念

中共中央在全面推进素质教育中提出要树立"健康第一"的指导思想。健康教育一直在高校教育中处于边缘化的地位，国家政策在实施过程中并没有得到高校的重视，高校健康教育的形式主义较为严重，所以对高校领导和老师进行健康知识再教育是十分有必要的。健康教育课程不能仅限于体育课，对学生心理层面的关心也是不可少的。调查表明，大一学生和大四学生的心理问题较多。大一新生刚刚进入大学校园，第一次离开父母，在身体和心理上都会出现不适应。大四学生面对学业和就业的双重压力，在身体和心理上产生了较多的变化。学校应该针对各个年级学生面对的不同压力给予适当的心理疏导，编写相对应的心理教材。进一步研究发现，学生的不良生活习惯和行为方式也是学生健康素养不高的原因之一。高校在进行身心健康教育的同时，应针对学生的生活方式和行为习惯及健康观念进行教育，逐步改变学生的健康观念，使学生树立"健康第一"的思想，从而终身受益。

（二）健康课程教育转变为健康促进

健康促进是运用行政或组织的手段，广泛协调社会各相关部门及社区、家庭和个人，使其履行各自对健康的责任，共同维护和促进健康的一种社会行为和社会战略。20世纪80年代，在第一届国际健康促进大会上人们第一次提出了"健康促进"一词。健康教育是有组织、有计划、有目的的社会教育活动，目的是改变民众的生活方式及行为习惯。健康教育是健康促进的一部分，健康促进是为了营造积极健康的生活氛围，使健康的环境能够可持续发展。健康促进离不开健康教育，健康教育促进了健康促进。1995年我国引进了健康促进，以北京和上海作为试点。在2016年的第九届全球健康促进大会上，展示了上海的健康促进成果，形成了"政府主导、部门配合、社会参与"的工作机制，建立了健康促进的平台，便于民众更加快捷和方便的接受健康教育。健康促进推动了上海市民的健康、环境健康、社会健康水平的提高。高校对健康促进的认识不足，只简单将健康促进工作与体育卫生联系在一起，健康促进缺少专业的培训机构。健康促进教育不仅仅是对学生的健康教育，更是对教师和高校领导的健康知识的再教育，能从根本上改变学生、教师及高校领导的健康素养水平，从而提高整个学校的健康氛围，形成可持续发展的健康高校。健康促进是社会战略，高校健康生活的氛围改变不但有助于学生的健康理念和生活方式的转变，更能为社会的健康促进做出贡献。高校学生能将健康的生活方式和行为习惯传入原生家庭，从而改变各个家庭的生活方式，再由各个家庭逐步带动社区健康氛围的转变，逐渐提升整个社会的健康生活水平。以学校为重点的健康促进教育已经逐步成为国家发展健康促进政策的重点，所以必须提升全体师生的健康素养水平，提高高校的健康教育水平，从而形成良性循环的高校健康促进生活方式。

（三）建设高校和家庭一体化的健康网络体系

健康促进发达的国家，高校的健康教育需要社区和家庭的更多配合，而家庭和社会的配合度也是非常高的。现阶段，我国国民的健康素养水平较低，国民对健康素养的认识不足，尤其在信息相对闭塞的地区，国家实施健康政策的难度较大。所以我国家庭和社区对高校健康教育活动的配合度不高，学生受到家庭和社会的影响，对健康教育课程的重视程度不足，导致高校健康活动开展的效果不佳。所以，应以高校作为展开健康促进的重点，以学生带动家庭健康观念的发展，以各个家庭带动社区，活跃整个社会的健康氛围，从而形成高校、家庭、社会一体化的健康网络体系。

四、加强大学生自我健康教育

加强大学生自我健康教育，有助于大学生自主学习健康知识，激发其对健康知识的兴趣，从而转变自身观念主动学习健康知识，养成良好的生活方式。同时要关注大学生的心理健康，使学生的身心得到良好的发展。

（一）自主学习，转变健康意识

2017 年，党的十九大决定实施健康中国的国家战略以后，国民对维护自身健康的关注度逐渐上升，高校对健康素养的研究也越来越多。每一名大学生在不断提高自身文化的同时也应该树立"健康第一"的人生观和世界观，加强了解健康相关的知识，由量变引起质变，从而在潜移默化中改变自身的生活方式和行为习惯。研究表明，在大学生中，女生的健康素养明显高于男生，这是因为女生与男生相比，自制力较强，对健康教育的接受度普遍较高。所以，应注重对男大学生的健康教育，引导他们多阅读关于健康方面的书籍，促进他们从根本上改变自己健康观念，因为健康观念的转变会促进学生的健康行为。而且学生在闲暇时光中阅读健康书籍，更能引起学生对健康知识兴趣，对知识点的记忆也会更深，能达到事半功倍的效果。大学校园是一个年轻、动态的场所，大学生对知识的接受能力较强，是祖国的后备人才。应加大心理知识的宣传，让新时代的年轻人了解基本的心理学知识，以对自己和其他同学的心理健康给予一点建议，可以开设心理图书馆，让学生了解先进的心理知识，让心理咨询室不在形式化。国家和卫健委开始重视心理健康管理，让大学校园里的心理健康知识飞扬起来，成为真正的心理健康管理的发展基地。

（二）重视自身心理健康

长期以来，受到传统文化的影响，人们对心理咨询存在一定的误解。部分学生在进行了高校的心理测试后，看到自身某些心理因子偏高就片面地认为自己的精神有了疾病，所以对心理测试一直处于惧怕和担心的状态。在高校普及心理健康时应注意让学生多了解心理健康相关的知识，正确区分心理问题与精神疾病。在某一时间段内人受到了严重的打击，从而在这段时间内产生一定的心理问题，根据每个人心理承受能力的不同，有些人可以自我调节，而有些人则需要其他人的辅导来帮助排解，这段时间心理测试就会测验出人的某些心理因子偏高，但并不影响人的正常生活，所以构成不了精神疾病。精神疾病是人长期处于高度的心理压力之下，无法排解自身的痛苦，也不重视自身的心理健康，最后导致的精神崩溃。大学生作为未来的社会接班人，人生之路刚刚开始，应从现在开始重视自身的心理健康问题，正确看待心理咨询，学会应用心理咨询解决专业的心理问题，让心理咨询室不再形式化。在日常的生活中，大学生可以多读一些与心理学相关的书籍，在书本中找到能应用到自身的心理健康疏导方法。塑造积极的世界观、人生观和价值观，用良好的心态去面对未来社会的挫折。

第三章 大学生心理健康教育

第一节 心理学概述

一、心理学概述

当我们在日常生活中提及心理学时，一般人总觉得有些神秘莫测。所谓"知人知面不知心"，但心理学看上去却能知道不可知的"心"。有的人因此认为心理学就是"读心术"，也有的人认为心理学就像"算卦"一样不靠谱。其实这些看法都是不了解心理学的科学性而造成的。从某种意义上讲，我们每个人都是心理学家。我们大多会揣摩他人的想法，研究和分析他人的行为，并试图对其下一步行为做出预测。如果去问非心理学专业的人"心理学是什么"，可能会得到各种不同的答案，其中自然也包括一些偏见和误解。

（一）大众心理学 —— 对心理学的偏见和误解

1. 心理学能知道你在想什么

大多数心理学的学习者和工作者都有过这样的经历，当周围人知道你的专业或职业后，往往会好奇地问："你是学心理学的，那你说说我现在在想什么？"人们总认为心理学家能解读他人的内心活动，跟算命先生差不多。"心理不就是别人的所思所想"吗？

是的。但心理活动并不只是人在某种情境中的所思所想，还包括人的感觉、知觉、记忆、思维、情绪和意志等。心理学系统探索这些心理活动的普遍规律，即它们如何产生、怎么发展等。由于人的心理活动具有内隐性，很难直接获得，所以心理学工作者不是在"读心"，而是根据人的外显行为和情绪反应来研究人的心理。当我们问"你知道我心里在想什么"时，这里的"里"是"内心的、里面的"，而心理学中用到的是"理"，即"规律"。

2. 心理学就是心理咨询

心理咨询是目前社会上一个火热的行业，大量心理咨询相关的信息通过各种大众媒体被大家熟知。因此，很多人听到的第一个与心理学有关的名词就是心理咨询，因此把它当作心理学的代名词。当周围人知道你的专业或职业后，就会很自然地说："你是学心理学的，那你可以当心理医生，做心理咨询了……"

是的。但心理咨询只是心理学的一个应用分支，此外还有很多其他的分支，如社会心理学、管理心理学、发展心理学等。心理学涵盖广泛，心理咨询是心理学的一个分支。心理学的学习者和工作者在长期的学习或工作中，会就心理学领域的某一个方向或主题进行进一步的探索。心理咨询只是心理学众多主题中的一个。

3. 心理学就是研究变态

很多人都会说走进心理咨询室需要很大的勇气，因为在大多数人看来，去寻求心理咨询的都是"心理有问题"的人，心理健康的人是不需要心理咨询的。心理有问题就是不正常，就是变态。

是的。但大多数心理学研究都是针对正常人的，探讨正常人的心理现象，如儿童情绪、能力、社交能力等。心理咨询的对象也是正常人，来访者有心理困扰，但没有出现严重的心理障碍。如果是严重的精神疾病，就需要临床心理学家或精神病学家介入了。"变态"从标准上也意味着偏离"常态"，只有更多关注"心理正常的标准是什么"才能更好地理解"心理异常"。

（二）心理学的研究对象

1. 心理现象

在你阅读这一章的开篇时，类似的问题可能曾一两次进入你的脑海：什么是心理学？心理学研究什么？

心理学是研究人和动物心理现象的发生、发展和变化规律的科学，主要以研究人的心理现象为主。只要有人生活、存在的地方，就有心理学问题，就需要心理学。畅销教材《心理学与生活》的作者、美国斯坦福大学心理学教授津巴多将心理学定义为"关于个体的行为及精神过程的科学的研究"。心理学家探索个体做什么及如何在一套特定的行为模式和更广泛的社会环境或文化环境中做这些事情。心理学分析的对象通常是个体，例如一个坐在教室里准备参加期末考试却频繁上厕所、心跳加速、局促不安的大学生。实践证明，只有理解人的精神过程才能理解人的行为。

心理学研究人的心理现象，包括感觉、知觉、表象、记忆、思维、想象、情感和意志等。

心理现象是心理活动的表现形式，分为心理过程、心理状态和心理特征三类。心理过程是心理现象的动态表现形式，包括知、情、意三个方面，具体指人的感觉、知觉、记忆、思维、想象、言语等认知活动，以及情绪活动与意志活动。心理状态是在一段时间内相对稳定的心理活动，如认知过程的聚精会神与注意力涣散状态、情绪过程的心境状态和激情状态、意志过程的信心状态和犹豫状态等。心理特征指心理活动所表现出来的稳定特点。例如：有的人观察敏锐、精确，有的人观察粗枝大叶；有的人思维敏捷，有的人思考问题深入；有的人情绪稳定、内向，有的人情绪易波动、外向；有的人办事果断、有的人优柔寡断；等等。这些差异体现在能力、气质和性格上的不同。在人的心理活动中，心理过程、心理状态和心理特征三者紧密联系。

2. 心理过程

心理过程着重探讨人的心理的共同性，主要包括认知过程、情绪过程和意志过程三个方面，即常说的知、情、意。认知过程是指客观事物来临时，大脑利用感觉、知觉、记忆、思维和现象对这些外在信息进行加工，进而转换为内在的心理活动过程。也就是说，我们的大脑是如何认识客观事物的，这就是认知过程。在认识客观事物的过程中，我们自然会对客观事物产生一定的态度，如喜欢或厌恶、热爱或憎恨等主观体验，这就是情感过程。人们在认识客观世界后还会有计划、有目的地改造世界。人们为了达到自己的目的, 采取行动, 克服困难, 最终达到目标的过程就是意志过程。知、情、意不是孤立的而是相关联的一个统一的整体, 它们相互联系、相互制约、相互渗透。知是产生情、意的基础; 行是在知的基础上和情的推动下产生的, 它能提高认知, 调节情感, 磨炼意志。

(三) 心理学研究的目标

一般而言, 心理学研究的目标是探索心理现象的事实、本质和规律, 具体包括描述、解释、预测和控制四个方面。

1. 描述

心理学研究最基础的工作是在质和量上确定心理活动的具体事实, 解决"是什么"的问题。描述的目的是将研究问题时所获知的表面事实客观地用口头或文字描述出来, 只求事实的真实性, 不涉及问题发生的原因。

2. 解释

心理学研究不只局限于对心理现象的描述, 而要从描述中探求其规律, 解决"为什么"的问题。因此, 心理学研究的另一个方面就是解释和说明心理现象和行为, 找出产生所研究心理现象的原因。

3. 预测

心理学研究的第三个目标是能够预测行为。根据已获得的资料及发现的规律, 推测、估计将来发生问题的可能性。对某些因果关系明确的问题而言, 根据以往多次问题发生后所得的因果关系资料, 预测未来同类问题发生的可能的结果是相当可靠的。

4. 控制

行为的预测必然伴随行为的改变和控制。预测和控制要解决"怎么做"的问题。控制的目的是设法控制问题发生的原因, 使可能发生的问题不至于发生; 或将可能发生问题的严重性降到最低。例如, 疾病是无法完全避免的, 死亡也是不能避免的, 医药科学的研究虽然无法达到使人永不生病或长生不老的目的, 但了解某些疾病的病因, 则能控制疾病的发生。

二、心理学的发展

（一）西方心理学的发展

心理学一词已有数千年的历史，它来自希腊语词根"心灵"，以及"知识"或"研究"。心理学可以追溯到古代的哲学思想，哲学和宗教很早就讨论了身与心的关系及人的认识是怎样产生的问题。古希腊哲学家柏拉图、亚里士多德等，中国古代思想家荀子、王充等都有不少关于心灵的论述。

在西方，从文艺复兴到 19 世纪中叶，人的心理特性一直是哲学家研究的对象，心理学是哲学的一部分。这段时期，英国的培根、霍布斯、洛克等人，以及 18 世纪末法国的百科全书派思想家都试图纠正中古时代被神学歪曲了的心理学思想，并给予符合科学的解释。培根的归纳科学方法论对整个近代自然科学的发展起了很大作用，霍布斯提出人的认识来源于外在世界，洛克最早提出联想的概念，这些都推动了心理学的发展。法国百科全书派的拉美特利在《人是机器》一书中干脆把人说成是一架机器。这虽然不免有机械唯物论的观点，但也有进步意义。19 世纪中叶，由于生产力的进一步发展，自然科学取得了长足的进步，科学的威信在人们的头脑中逐步生根。这时作为心理学孪生科学的生理学也接近成熟，心理学开始摆脱哲学的一般讨论而转向对具体问题的研究。这种时代背景为心理学成为一门独立的科学奠定了基础。

"心理学有着漫长的过去，但只有短暂的历史。"作为一门科学，与其他领域相比，心理学是一门非常年轻的学科，只有 140 多年的历史。1879 年，德国心理学家冯特在莱比锡大学建立了世界上第一个心理学实验室，研究人类的意识体验。这一里程碑式的大事件，标志着科学心理学的诞生，心理学从此宣告脱离哲学而成为独立的学科，冯特也因此被尊为"心理学之父"。冯特是一位哲学家兼生理学家，他的心理学实验室主要研究感知觉的心理过程，所采用的主要是生理学的实验技术，所以他称自己的这种研究为"生理心理学"，也称"实验心理学"。

现代心理学至今已经经历了一百多年的历史。在这期间，关于心理学研究对象的讨论有过几次大的反复。最初，冯特认为心理学是研究人的直接经验或意识的科学，复杂的心理活动是由简单的单元构成的，心理学的任务就是把心理活动分解为一些心理元素。例如，对一本书的知觉是由长方的形状、一定的大小、绿色的书皮等感觉成分相加而成的。这种看法无疑受到当时化学发展的影响。化学因为采取了分析的方法，化学元素才被不断地发现。正因为如此，后人把冯特的心理学体系称为元素心理学或构造心理学。冯特晚年还开展了民族心理学研究，这是现代社会心理学的先导。冯特在莱比锡大学招收了欧美各国大批进修生，他们学成归国后分别建立了心理学系和心理学实验室，使这门新兴的科学得到迅速推广。冯特所创立的心理学只兴盛了三四十年就遇到了困难，问题出现在"心理学是研究意识的科学"这个定义上。因为要承认这个定义，首先就要承认意识的存在，但这不是心理学界所有的人都能同意的。

1913 年，美国心理学家华生首先向冯特的心理学提出挑战。华生指出，心理学如果要成为一门科学，与自然科学的其他学科处于平等地位，就必须来一场彻底的革命，要放弃意识作为心理学的研究对象。华生指出："意识是主观的东西，谁也看不见、摸不到，更不能放到试管里去化验，这样虚渺的东西绝不能成为科学的研究对象。"他认为，科学的心理学要建立在可以客观观察的事物上面。人和动物的行为是可以客观观察的，因而行为才是心理学研究的对象。心理学是研究行为的科学，探讨的是有机体发生了什么，在什么环境下产生了什么行为。至于头脑内部发生的过程，由于只能推测不能肯定，所以不必理会。华生在心理学界掀起了一场影响深远的行为主义运动。

20 世纪 40 年代前后出现了新行为主义，强调在实验操作的基础上研究人和动物的行为。新行为主义者斯金纳最大胆的尝试是把行为主义原理用于改造社会。他写过一本小说《沃尔登第二》，以日记的形式描写一个乌托邦式的理想社会。斯金纳把这种社会设计称作"行为工程"，并把这样一个社会的实现寄托于中国。20 世纪 60 年代，美国卷入越南战争，社会危机四起，人们开始怀疑美国的社会制度，向往一个理想的社会，于是这本书不胫而走。

行为主义在美国的影响很大，从 20 世纪 20 年代到 20 世纪 50 年代，行为主义一直统治着美国心理学界。现在看来，行为主义的理论过于简单化和绝对化了，不能因为头脑的活动看不见，就否认人的思维和意识的存在。同样，在物理学中，原子、分子、电子也不能被肉眼见到，但仍可以用仪器或其他工具进行研究。人的思维等心理活动同样可以通过技术手段进行客观的研究。心理学毕竟要研究人心理的内部过程。另外，人的社会活动极为复杂，不是简单的行为工程所能阐明的。

在行为主义兴起的同时，在欧洲又出现了两大心理学派别，一个是格式塔学派，另一个是精神分析学派。

格式塔学派诞生于德国，它反对冯特的构造心理学的元素主义，代表人物是韦特海默、考夫卡和柯勒。格式塔是德语 gestalt 的音译，意思是整体、完形。该学派主张心理学研究人脑的内部过程，认为人在观察外界事物的时候，所看到的东西并不完全取决于外界，而是在人的头脑中有某种"场"的力量会把刺激组织成一定的完形，从而决定人看到的外界东西是什么样的。当时，物理学中正流行着"场"的理论，格式塔学派则认为人的大脑是物质世界的一部分，所以物理规律同样适用人脑的活动。格式塔心理学对猿猴的智力进行了研究。柯勒观察了猿猴如何把几只木箱叠起来，爬到木箱顶上拿到悬挂在屋顶上的香蕉。猿猴还能把棍棒连起来去取被栏杆挡住的食物。格式塔心理学家认为，人和动物解决问题靠的是突然发生的"顿悟"。格式塔学派反对冯特学派只强调分析的做法，认为心理现象是一个整体，由整体决定其内在的部分。这种强调整体和综合的观点对以后心理学的发展是有益的。科学研究不应只从分析的观点看问题，整体中的相互关系是更重要的一面。

精神分析学派源于精神病学，它给予心理学巨大的冲击。奥地利医生弗洛伊德利用催眠术和自由联想法让精神病患者回忆往事，以找出致病原因。他发现，患者的幼年经验，特别是儿童与父母的情感关系非常重要。他还发现，梦往往反映出一个人的内在心理矛盾，所以分析患者的梦也是一种治疗方法。弗洛伊德认为：一方面，人内在生物性的情欲是最基本的冲动；另一方面，人的社会习俗、礼教和道德又约束着这种原始冲动的发泄，将其压抑到无意识中去。意识的内容是理智的、自觉的，无意识的内容多是与理智、道德相违背的。当理智与无意识的矛盾激化时，就会导致神经症。为了治病就需要对患者的无意识进行心理分析，这就是精神分析。精神分析学派认为，心理学是研究"无意识"的作用，人的根本心理动机都是无意识的冲动。这种强有力的"无意识"的心理活动在人的生活中起决定性的作用，而有意识的心理过程则只是显露在表面的一些孤立的片段。近年来，精神分析学派已不再那么强调生物冲动的作用，而更为重视人际间的社会关系。在西方，精神病发病率很高，所以精神分析理论很容易被接受。

巴甫洛夫专门研究了条件反射，他的条件反射学说促进了美国行为主义的兴起。巴甫洛夫学说对苏联心理学产生了巨大的影响，成为其理论基础之一，也直接影响了我国及一些东欧国家的心理学研究。

（二）中国心理学的发展

在中国，现代心理学始于清朝末年改革教育制度、创办新式学校时期。当时的师范学校首先开设了心理学课程，所用教材多是从日本和西方翻译过来的。1907 年，王国维翻译了丹麦心理学家霍夫丁所著的《心理学概论》。1918 年，陈大齐著的《心理学大纲》出版，这是中国最早用心理学命名的书籍。1917 年，北京大学建立了心理学实验室。1920 年，南京高等师范学校成立了中国第一个心理学系。

自那以后，构造心理学、行为主义心理学、格式塔心理学、精神分析理论等都被介绍到中国，中国也开始有了自己的心理学研究。中华人民共和国成立后，1951 年中国科学院成立了心理研究所，几所大学和很多师范院校设立了心理学专业和教研室。二十世纪五六十年代，心理学在国内受到多次不公正的冲击，发展得比较缓慢。

改革开放以后，国内形势发生了很大的变化，我国心理学界开始加强与国外心理学界的联系与交往。20 世纪 80 年代前后，北京大学、北京师范大学、杭州大学、华东师范大学、华南师范大学等院校设立了心理学系，随后许多师范大学和综合性大学也设置了心理学专业，组建了心理学研究所。与此同时，国家也开始重视心理学科的发展。1999 年，国家科技部组织制定了"全国基础研究'十五'计划和 2015 年远景规划"，由国家自然科学基金委员会牵头实施。根据学科地位、国际发展趋势、前沿性、我国的现状、未来发展规划和相关政策措施等 6 个方面的综合状况，心理学被确定为 18 个优先发展的基础学科之一。2000 年，心理学被国务院学位委员会确定为国家一级学科，这表明心理学被正式列入我国主要学科建设系列。

三、心理学与生活

心理学的迅速发展，有两个方面原因。一是实际生活的需要。在社会生活、现代化生产和管理中，心理因素的重要作用越来越为人们所重视。早期教育、情商培养引起社会的广泛关注，由心理异常带来的个人健康问题和社会问题引发的社会思考推动了心理学的发展。二是由于相关学科（生理学、教育学、社会学等）的发展，极大地扩充了心理学的研究领域，心理学与这些学科交叉形成了许多新兴的分支学科。心理学家活动的领域相当广泛，在心理咨询中心、精神卫生中心，都能看到他们的身影。学习心理学、教育心理学关注的是学生如何学习、教师怎样教学，以及如何针对不同的课程设计不同的授课方式；犯罪心理学、司法心理学研究的是社会犯罪的特征与规律，以提供预防、减少犯罪的措施。

心理学研究涵盖人们生活的各个层面，如内在与外在的、个体与群体的、常态与偏态的。由于本质和方法的着重点不同，心理学的各领域有着不同的探讨对象。

（一）发展心理学

发展心理学研究的是心理的种系发展和心理的个体发展。发展心理学探讨的是各个年龄阶段的心理特征，揭示个体心理从一个年龄阶段发展到另一个年龄阶段的规律。发展心理学中关于儿童生理、心理发展的理论，有助于儿童教育和培养工作的开展。近 20 年来，人们对早期经验和早期教育（早教）的重要性有了进一步的认识，早教机构的火爆和育儿书籍的畅销就是最好的证明。

（二）工业心理学

工业心理学研究的是工业劳动过程中人的心理特点和行为方式。根据所研究的问题，工业心理学又可分为管理心理学、消费心理学、人事心理学、广告心理学等。工业心理学研究的内容包括在生产条件下，人与机器设备之间的信息传递、工作制度的设立、人员的训练和人才选拔、工作环境的安全和舒适、人力资源的开发、消费者的购买愿望和需求等。此外，企业内部如何进行制度建设、员工招聘、职工岗位调整、商家设计广告的形式与内容、商品推广等也都是工业心理学的应用范畴。

（三）社会心理学

社会心理学是系统研究社会心理与社会行为的科学，不仅研究大群体中的社会心理现象，如社会情绪、阶级与民族心理、社会交往与人际交往等，还研究小群体中的社会心理现象，如群体内的人际关系、领导力等。此外，社会心理学还研究群体心理与个体心理的关系，以及群体心理对个体心理的影响，如从众、责任扩散、服从等。社会心理学的应用非常广泛，从个人的社交行为、婚姻生活到一个民族、一个国家人群的特质中，都能看到它的身影。

（四）积极心理学

积极心理学一词源于马斯洛 1954 年所著的《动机与人格》。而作为心理学的一个新领域，积极心理学开始于被称为现代积极心理学之父的马丁·塞利格曼。他指出，第二次世界大战后半个世纪的临床心理学都在关注和治疗精神疾病，但是人们只看到了个体的心理问题及外在世界的不良事件和恶劣环境，目的是消除心理问题，而忽略了培养人的积极方面。没有问题并非心理健康，教会个体开发潜能、充满希望和幸福的生活，并主动发展才是心理健康的崇高目标。在经济充裕、人民生活自由的现代社会，提高人们的主观幸福感和生活满意度成为当代社会的主要目标。积极心理学主张研究人类积极的品质，充分挖掘人固有的、潜在的、具有建设性的力量，促进个体和社会的发展，使人类走向幸福。研究人类幸福是积极心理学的一个重要方面。

除此之外，积极心理学还研究道德、智力、审美、创造、积极的社会关系、积极的社会组织、生活的意义等，以及这些美德与幸福的关系。

第二节　心理健康概述

常言道"健康是无价之宝"。健康是人类生命史上的一个令人神往与不断追求的共同目标，是人类永恒的主题。何谓健康？没有疾病就是健康吗？日常生活中我们对健康的理解是否正确呢？只有转变健康观念，树立正确的健康观，才能建立健康的生活方式，维护和促进健康。

一、健康与心理健康

健康是人类生存和发展的基础，人类自诞生之日起就祈求健康，但对健康概念的认识则有一个逐渐发展并深入的过程。20世纪以前，人们普遍认为"身体没有病，不虚弱就是健康"。现代健康观告诉我们，健康已不再仅是指四肢健全、无病或虚弱。除了身体健康，还需要精神上有一个完好的状态。人的精神状态、心理状态和行为对自己和他人，甚至对社会都会有影响。更深层次的健康观还包括人的心理、行为的正常，以及与社会道德规范及环境因素的完美契合。

健康的含义相当广泛，健康的定义也多种多样。世界卫生组织在成立宪章中指出："健康是一种身体的、心理的和社会适应的健全状态，而不只是没有疾病或虚弱现象。"

1989年，世界卫生组织提出了21世纪健康新定义："健康不仅是没有疾病，而且包括躯体健康、心理健康、社会适应良好和道德健康。"只有具备了上述四个方面的良好状态，才是一个完全健康的人。同时，世界卫生组织还规定了健康的十项标准。

①精力充沛，能从容不迫地应对日常生活和工作而不感到过分紧张。

②处事乐观，态度积极，勇于承担责任。

③善于休息，睡眠良好。

④应变能力强，能适应环境的各种变化。

⑤能抵抗普通感冒和传染病。

⑥体重适当，身体匀称。

⑦眼睛明亮，反应敏捷。

⑧牙齿清洁无空洞、无痛感，牙龈颜色正常无出血。

⑨头发有光泽，无头屑。

⑩肌肉、皮肤有弹性，走路轻松有力。

在这十项标准中，前四项是对心理方面提出的要求，后六项为生物学方面的内容（生理、形态）。这十项标准从整体上诠释了现代健康的概念，强调健康不仅仅指躯体健康，还包括心理健康、社会适应良好和道德品质等。

心理健康指一个人智力发育正常，情绪稳定乐观，意志坚强，行为规范协调，精力充沛，应变能力较强，能适应环境，能从容不迫地应对日常生活和工作压力，经常保持充沛的精力，乐于承担责任，人际关系协调，心理年龄与生理年龄相一致，能面向未来。据医学专家测定，良好的心态能促进人体分泌更多有益的激素，从而增强机体的抗病能力，促进人体健康长寿。

社会适应良好指一个人的心理活动和行为能与自然环境、社会环境保持良好接触，并对周围环境有良好的适应能力，有一定的人际交往能力，能有效应对日常学习、生活和工作中的压力，能正常地工作、学习和生活。良好的社会适应能力是心理健康的表现，心理健康是良好社会适应能力的基础和条件。

道德健康指一个人能够按照社会道德行为规范和准则约束自己，支配自己的思想和行为，有辨别真伪、荣辱的是非观念和能力。

总之，心理健康、社会适应、道德品质这几方面相互依存、相互促进、有机结合，同时具备这几个方面，才称得上健康。健康是人类宝贵的社会财富，是人类生存与发展的基本要素，是人类取得成功的重要基石。

二、心理健康相关概念及其发展

20 世纪中叶以来，随着现代科技与社会文化的迅速发展，人们普遍面临激烈的竞争、频繁的应激和快速的节奏。前所未有的心理压力使人不堪重负，心理健康越来越受到重视。1946 年，第三届国际心理卫生大会指出："所谓心理健康，是指在身体、智能及情感上与他人的心理健康不相矛盾的范围内，将个人心境发展成最佳的状态。"其将心理健康与身体健康放在了同等重要的位置，是人们以多元的视角看待健康的证明，反映了现代社会人们对健康概念的总结和更新。1989 年，世界卫生组织又在健康定义中增加了道德健康，使其内容更加全面。

早在半个多世纪前，瑞士精神分析心理学派的代表人物荣格就曾经指出，要防止远比自然灾害更危险的人类心灵疾病的蔓延。心理学家英格里士认为："心理健康是指一种持续的心理状况，主体在这种状况下能做良好的适应，具有生命的活力，能充分发展其身心的潜能。这是一种积极的、丰富的状况，不仅仅是没有疾病。"日本学者松田岩男认为："心理健康是指人对内部环境具有安定感，对外部环境能以社会认可的形式适应的一种心理状态。"精神病学家孟尼格尔认为："心理健康是指人们对于环境及相互之间具有最高效率及快乐的适应情况，不仅要有效率，也不只是要能有满足之感，或是能愉快地接受生活的规范，而需要三者的同时具备。心理健康者应能保持平静的情绪、敏锐的智能、始于社会环境的行为和令人愉快的气质。"我国学者刘华山指出，心理健康"是一种持续的心理状态，在这种状态下，个人具有生命的活力、积极的内心体验、良好的社会适应，能够有效发挥个人的身心潜力与积极的社会功能"。

虽然不同文化背景下的学者对心理健康的理解有一定的差异，但都倾向于认为心理健康是一种适应良好的状态。此外，心理健康的定义还有广义和狭义之分。广义的心理健康指一种高效而满意的、持续的心理状态。在这种状态下，人能做出良好的反应，具有生命的活力，而且能发挥其身心潜能。狭义的心理健康指人的心理活动和社会适应良好的一种状态，是人的基本心理活动协调一致的过程，即认识、情感、意志、行为和人格的完整协调。

据世界卫生组织估计：全球每年自杀未遂者超过 1 000 万人；造成功能残缺的前十个疾病中有五个属于精神障碍。在中国，保守估计大概有 1.9 亿人在一生中需接受专业的心理咨询或心理治疗。据调查，14 亿人口中有各种精神障碍和心理障碍的患者达 1 600 多万，在 1.5 亿青少年中受情绪和压力困扰的有 3 000 万。由此可见，心理健康的危害不容忽视。可以预测，未来世界范围内的人们将会对心理健康越来越重视。

三、心理健康的标准

人的心理健康如何判断及有无标准，一直受到人们的关注。不同的专家、学者对心理健康的评价标准也不完全相同。以统计学的常态分布为标准，利用统计学的方法找出正常行为的数值分布，如果一个人接近数值分布的平均状态就被认为是健康的，否则为不健康；以社会规范为标准，行为符合行为规范为健康，明显偏离社会规范为异常；以主观经验为标准，当事人自我感觉到痛苦、抑郁视为不健康，没有心理疾病症状则视为健康；以生活适应情况为标准，能够适应社会生活者为正常，生活适应困难者为异常；以心理成熟与发展水平为标准，个体生理、心理两方面成熟及发展与同龄人相当者为正常，心理成熟落后于生理成熟程度，也落后于同龄人平均水平者为不健康等。

美国人本主义心理学家马斯洛和米特尔曼提出了衡量心理健康的十个标准：①有充分的自我安全感；②能充分了解自己，并能恰当估计自己的能力；③生活理想切合实际，不脱离周围现实环境；④与现实环境保持接触，而非沉溺于空想或自我封闭；⑤能保持人格的完整与和谐；⑥善于从经验中学习；⑦能保持良好的人际关系；⑧能适度地宣泄情绪和控制情绪；⑨在符合团体要求的前提下，能有限度的发挥个性；⑩在不违背社会规范的前提下，能适当地满足个人的基本需求。

郭念锋在《临床心理学导论》一书中提出了评估心理健康水平的十个

标准：①心理活动强度；②心理活动耐受力；③周期节律性；④意识水平；⑤暗示性；⑥康复能力；⑦心理自控力；⑧自信心；⑨社会交往；⑩环境适应能力。

王登峰教授等人提出了八条心理健康标准：①了解自我，悦纳自我；②接受他人，善与人处；③正视现实，接受现实；④热爱生活，乐于工作；⑤能协调与控制情绪，心境良好；⑥人格完整和谐；⑦智力正常，智商在80以上；⑧心理行为符合年龄特征。

我国心理学家黄希庭教授提出心理健康者表现出的七大特征：①积极的自我观念；②对现实有正确的觉知能力；③热爱生活，乐于学习和工作；④有良好的人际关系；⑤能面对现在，吸取经验，筹划未来；⑥能真实地感受自己的情绪，能恰当地调控自己的情绪；⑦智力正常，智商在80以上。

国内外学者们对于心理健康标准的论述，虽然提法不同，但意义相近，有些标准甚至是相同的，都认为心理健康是一种心理状态，是一种内外协调统一的良好状态，强调心理健康是一种积极向上发展的心理状态。我国学者的心理健康标准更倾向于适应性标准，也称生存标准。

第三节　大学生心理健康教育

科学技术的进步、知识的增长和文明程度的不断提高，促使人们不断地进行知识更新。在中国走向现代化的进程中，人们的家庭结构、观念意识和人际关系都发生了很大变化。人们需要适应社会变化的速度，需要持积极、灵活的态度，主动调整身心，迎接挑战。

一、大学生心理健康的现状

我国大学生的年龄大多处在18岁至25岁这个阶段内。在这个阶段，很多学生的生理发展已接近成熟，各项生理指标基本达到成年人标准。特殊的年龄、环境与特殊的学习任务会带来心理上独有的特点。近年来，许多学者采取各种方法对大学生的心理健康状况进行了调查。结果表明，当代大学生的心理特征普遍表现为思想活跃、善于独立思考、参与意识较强、朝气蓬勃。他们有正确的自我主观意识，能很好地把握自己，控制自己的情绪，妥善处理同学间、师生间的关系，积极融入集体，热爱并勤奋学习，能更好地适应新环境。这样的状态有利于他们健康成长。

与此同时，学者们也发现了一些问题，部分学生存在不同程度的心理健康问题，有的甚至出现了严重的心理障碍，因心理问题休学、退学的人数不断增多，一些极端、恶性事件不断被报道出来。这些都说明当代大学生的心理健康问题必须引起社会的重视，也对我国高等教育提出了严峻考验。

二、影响心理健康的因素

影响心理健康的因素很多，主要有生理因素和环境因素等。

（一）生理因素

从生理因素看，家族遗传、胎儿时期脑神经系统受损、大脑内神经递质出现异常等均会增加罹患精神疾病的可能性，如精神分裂症、躁狂症等均存在一定的遗传性。大学生如果能够做到坚持锻炼身体、睡眠充足、生活规律、心情舒畅，则有助于保持身心健康，远离心理疾病。

（二）环境因素

1. 家庭因素

大学生来自全国各地不同的家庭，家庭状况、父母素质、城乡差别等在无形中成为影响大学生心理健康的因素。特别对农村的学生来说，他们比城市学生多了一些自卑，也更加敏感。家庭贫困的学生，生活在这样的大环境中，不但在学习方面有一些压力，而且在经济方面也存在很多压力。他们除了要参与学业的竞争，还要承受高额学费和生活开支带来的经济压力，不少学生要牺牲课余时间勤工俭学。因此，这部分学生所承受的心理压力明显超过其他同学，容易引发心理问题。

2. 社会环境因素

当代大学生处在东西方文化融合、多种价值观冲突激烈的时代，面对不同以往的文化背景和多重价值选择，他们会感到茫然、矛盾、无所适从，在许多观念上认识模糊，如享乐与享受等。标新立异的心理容易使大学生跟风，盲目追求西方文化，导致他们与中国现实情况格格不入，在人生道路的选择上处于两难境地。长时间的空虚、混乱、压抑和焦虑状态，会使大学生出现适应不良的心理反应。

3. 学校因素

学生的主要任务是学习，无论对于哪个阶段的学生而言，这个任务都是重中之重。刚刚踏入大学，学生的学习方式与高中阶段相比发生了很大变化，对于这种变化的不适应，会影响大学生的心理健康。部分学生对所学专业不满意，越深入学习，越觉得不符合其兴趣和爱好，从而产生调换专业的想法，甚至还有调换不成退学重考的。这些学生在学习上表现为缺乏兴趣、上课无法专心听讲、情绪低落、悲观消极、长期缺课。他们的心理压力如果长期得不到解决，那么最终将导致各种心理疾病的发生。

大学生刚刚结束疲惫的高中生活，对大学生活充满了好奇，对业余生活的多样化迫切需求。丰富的网络世界，强烈地吸引大学生的注意力，远离了父母严格的管教，部分学生因网络成瘾而荒废学业的现象越来越多。

三、大学生常见的心理问题与应对

大学生都是通过严格考试从全国各地选拔出来的成绩优秀的青年。他们具有较高的智力，较高的求知欲和浓厚的学习兴趣，具有开拓创新精神、高度的社会责任感和使命感，对未来充满憧憬，有远大的理想和抱负。但由于大学生无论在生理上还是在心理上都处于迅速成长变化的阶段，处于从不成熟到逐渐成熟的过渡时期，对社会、对自己还缺乏全面正确的认识。一旦理想与现实之间发生冲突或遇到挫折，他们便很容易产生各种各样的心理矛盾和冲突，从而引发各种各样的心理问题，甚至出现心理障碍。就目前情况看，大学生的问题主要表现为自卑、抑郁、焦虑、偏执、强迫，甚至精神分裂，究其原因大多是大学生的心理问题没有得到及时的调适和解决。

（一）大学生常见的心理问题

大学生常见的心理问题主要有以下几种。

1. 入学适应的心理问题

适应是主体对环境变化所做出的一种反应。人们生活的环境处于不断的变化之中，因此每个人都存在适应问题，都会产生不断适应新环境的需求，良好的适应能力是个体生存与发展所必需的。适应是心理健康的基本标志，是大学生健康成长必备的心理素质，也是个体需要完成的重要社会化课题。人生是一个不断使自己适应环境的过程。人们从一种生活环境进入另一种生活环境，都需要学会适应。面对当今剧烈的社会变革，谁的适应能力更强，谁就更易获得成功。

大学校园是许多人心目中神圣的殿堂，进入憧憬已久的大学是人生一次的重要转折。但是很多大学生进入大学校园后却出现了适应不良的问题，这在刚入学的新生中较为常见。陌生的校园、生疏的面孔和全新的生活及学习方式，对于首次远离家乡、长期依赖父母的大学生来说，通常会产生不同程度的压力和心理上的不适应，即对将来如何独立生活、怎样适应新的环境，内心或多或少会感到担忧与不安，并伴有焦虑、苦闷和孤独等情绪。这在一些适应能力较差的大学生中表现得尤为突出，而且往往还会出现食欲不振、失眠、烦躁及注意力不集中等情况，个别严重者甚至不能正常坚持学习或提出退学要求。

2. 自我意识方面的心理问题

人的所有行为无不受意识左右，自我意识是影响心理健康的重要因素，也是大学生认识自我、发展自我、完善自我的重要条件。从心理发展的角度看，大学生的自我意识会出现理想我与现实我的分化。一方面，大学生所处的年龄阶段及其所具备的文化水准，使其注重自我体察，注重内省。他们已具备一定的承担社会责任的素质，自我意识不断发展。另一方面，他们毕竟还只是在校学生，不同于社会上的人，尽管被赋予了一定的社会责任，但这个责任是要求他们在未来完成的，而不是现在立即去做。"天之骄子""社会栋梁"这些社会赋予他们的称号是指向未来的，是一种社会责任，而不是一种社会地位，是一种社会期待，而不是一种褒奖。由于大学生仍以间接经验学习为主，所处的环境还是理想色彩较浓的校园环境，加之阅历尚浅、缺乏实践，现实所具备的能力与他们所期待的水平间尚存在相当的距离，大学生会出现理想我与现实我的分化。

这种理想我与现实我的分化在促进大学生思维与行为主体性形成的同时，也会带来一系列的心理问题，出现意识偏差，甚至陷入认知矛盾。例如，理想我与现实我的矛盾、满足感与空虚感的矛盾、独立性与依赖性的矛盾、理智与情感的矛盾、过分追求完美与过分注意外界评价等。这些矛盾解决不好往往会造成不良的心理反应，影响其心理状态。

3. 学习方面的心理问题

大学的教学目标、教学内容、教学方式都与高中阶段有明显的差异。这就要求大学生必须改变高中的学习模式和方法，明确学习目的、端正学习态度、学会科学用脑、掌握正确方法，以适应全新的大学生活。但很多大学生由于学习动力不足、学习方法不当或对专业缺乏兴趣，因此成绩不佳，从而引发考试焦虑，甚至产生厌学、弃学等心理。

许多学生在中学时代便确立了自己的学习优势，有着较高的学业期待。进入大学后，学习的主要特点是自主独立性，学生是学习活动的主体，教师是指导者。大学生面临着学习目的、学习方法和学习内容的诸多变化。许多学生失去了明确的学习目标，缺乏良好的学习方法和正确的学习态度，在学习过程中会感到迷茫与困惑，缺乏学习动力。专业兴趣也是影响大学生学习的重要原因。部分学生因为不喜欢所学专业，所以学习兴趣缺乏，情绪低落。大学生在校期间不仅要学习专业知识、掌握专业技能，还要培养综合能力与良好素质，力求全面发展，这样才能在社会上立足。

大学生如果缺乏足够的思想准备，缺乏较强的学习能力，就会产生厌烦和抵触情绪，从而导致学习成绩不理想，出现焦虑、紧张等情绪反应，严重影响其自信心，出现自卑、自我否定的心理问题，甚至会产生强烈的嫉妒心理和攻击行为，极大地影响了他们的心理健康。

4. 人际交往方面的心理问题

与高中生相比，大学生的人际交往更为复杂、更为广泛、更具有社会性。大学生对人际交往更加重视，希望发展这方面的能力。但由于认识、情绪和个性因素的影响，再加上缺乏人际交往的经验和技巧，在交往中往往会遇到各种困难和挫折，从而产生焦虑等心理问题。与高中生相比，大学生对人际关系的关注程度超过了学习，大学生的人际关系更为广泛，角色呈现多元化。一方面，大学生渴望友情，不仅愿意保持较广泛的人际交往，而且希望通过交往获得较亲密的友谊；另一方面，大学生又缺乏一定的交往经验，面对大学新的生活环境，他们不再得到老师的细致关心和照顾，同学也来自四面八方，他们在经济文化背景、生活习惯和行为习惯等方面存在明显差异。因此，他们交往起来比较困难，在交往过程中会感到不自然，常常表现为难以跟他人愉快相处、缺少知心朋友、过分委曲求全等，由此会引发自卑、孤独、妒忌、猜疑、社交恐惧等痛苦感受。

5. 恋爱与性方面的心理问题

大学生处于性生理逐渐发育成熟的时期，性意识的觉醒与性心理的发展促使其渴望了解异性、向往爱情。很多大学生在大学期间开始谈恋爱，但由于缺乏经验与指导，有些人出现单相思现象，陷入被动恋爱或失恋等苦恼状态，从而引发诸多心理问题。也有些大学生因对性知识、性行为的不恰当理解产生诸多心理压力。

爱情是大学校园中的一个敏感话题，年轻的恋人也是大学校园中一道美丽的风景。但是大学生对于自己该寻找什么样的爱情、爱情与喜欢如何区分、如何面对性心理等往往感到迷茫与困惑。他们在享受爱情甜蜜的同时也会带来一系列复杂而独特的情感体验。一项调查显示，近35％的大学生存在情感困惑，其中恋爱失败导致的心理变异现象最为突出，有的大学生因此走向极端，酿成悲剧。在处理感情问题时，大学生常常表现为因理想与现实的落差大而失落，因与异性交往困难而陷入多角恋爱不能自拔，因失恋而焦虑自责，等等。大学生的各种心理问题，最终会导致心理障碍。

6. 情绪、情感方面的心理问题

良好的情绪情感状态是大学生心理健康的重要保证。良好的情绪和情感状态表现为稳定、乐观的心态，对不良情绪具有调节和控制能力。大学生的情绪和情感具有两极性、矛盾性的特点，情绪易波动起伏，好冲动，自制力不强，一旦遇到挫折就容易产生抑郁、焦虑、恐惧、紧张、妒忌等不良情绪。

稳定的情绪和积极良好的情绪反应是大学生成才的重要因素，也是大学生心理健康的重要标志。调查发现，大学生经常会有压抑（35.71%）、烦恼（35.15%）、空虚（27.79%）和烦躁（30.64%）等心理体验。超过一半的大学生有时或经常情绪失衡、焦虑、孤独和寂寞，常常为自己的前途感到困惑和担忧。这些负面情绪与学业压力、人际关系、家庭环境、情感问题、就业压力有关，如果不能及时调节，负面情绪会在一定程度上影响大学生正常的学习和生活，甚至导致睡眠不足、身体不适等症状，影响身体的健康。

7. 个性方面的心理问题

近年来，个性发展不良导致的心理问题逐渐增多。在性格方面，主要表现为自卑、怯懦、猜疑、偏激、孤僻、抑郁、自私和任性等，有的甚至发展为人格障碍。

不同个性特征的大学生的心理健康状况有很大差异。内向个性特征的人较外向个性特征的人的心理健康状况差，焦虑、抑郁和偏执的因子得分高于非内向人群；情绪不稳定的人比情绪稳定的人的心理健康状况差，焦虑、抑郁、恐怖、敌对和精神变性的因子得分高于情绪稳定的人。也就是说，情绪越不稳定，心理健康状况越差。总之，性格内向、自卑、冲动、偏激、不爱交流、不知如何与人和谐相处、观念极端、自我中心、争强好胜、完美主义、高度焦虑等个体因素都不利于心理健康的维护。

大学生的心理问题往往是外因和内因长期共同作用的结果。从外因看，首要的影响因素是情感问题，其次是学业压力；从内因看，主要是潜意识中的自卑和集中爆发的焦虑。作为一种偏差型的自我认识，这种自卑往往长期存在，即使遭受小的挫折，也会将其无限放大，如坠深渊。一些阻碍因素，如持续的学业压力、长时间失恋、自卑便会逐步发展为自怜、自毁，如果再遇到考研、就业等无法排解的压力时，便会突破心理的最后防线，最终走上自杀或伤人之路。

大学生在这个时代面临的压力是无法逃避和改变的，要想得到健康发展，就需要了解自我，了解社会，优化自我，懂得根据自己的不足和社会的需要调节自己，以使自己处于良好的心理状态并具有较好的发展优势。

8. 求职择业方面的心理问题

大学生毕业前夕最大的心理压力来自求职、择业等。在求职、择业的过程中，大学生由于缺乏经验和准备不足，往往难以找到合适的工作。有的大学生脱离社会发展需要，盲目择业；有的过高估计自己，造成就业困难。这些都会引发心理冲突，产生心理问题。

在即将跨入社会时，如何选择自己的职业、如何确定适合自己的工作、如何规划职业生涯、求职需要什么技巧、自己的职业倾向是什么、自己的长处如何在职场展现等问题都会或多或少地给大学生带来困惑和忧虑情绪。

大学生在职业选择中面临的心理问题主要表现为以下几点。

（1）盲目心理：自我意识模糊，不了解与自己个性、能力相匹配的职业领域，不能正确把握就业方向。

（2）自卑心理：对自己没有信心，惧怕职业选择，缺乏择业竞争意识。

（3）逃避心理：不能正视社会现实，不能把握机会顺利就业。

（4）依赖心理：依赖父母、学校，缺乏独立求职的观念和积极自荐的意识。

（5）随意心理：对工作抱无所谓的态度，缺乏择业的主动性。

（6）自负心里：认为自己能力出众，在择业中高估自己的实力。

这些问题都在一定程度上阻碍大学生的顺利择业与成功就业，并对走向社会之后的未来发展产生重大影响。另外，在其他领域，如家庭关系、经济负担、出国留学、闲暇生活、个性发展等方面，大学生也不同程度地存在困惑和苦恼，表现出焦虑、抑郁、强迫、紧张等，严重的会发展为心理障碍。因此，大学生必须认清就业形势，正确分析就业市场，积极面对，妥善处理，不应逃避现实或过于担忧。

（二）大学生常见心理问题的应对

大学生的心理健康受到个体、家庭、学校和社会文化诸方面的影响，其心理健康的维护需引起学生、家庭与社会的共同关注。大学生该如何应对各方面的影响呢？

1. 学会进行自我调节，自己的人生自己做主

心理学工作的一个重要理念是"助人自助"，即相信每个人都是有潜力的，有能力解决自身的问题。因此，大学生心理健康教育的过程也是不断提高大学生心理自助水平的过程。

首先，大学生要悦纳自我，坦然接受自己的缺点和不足，在努力提高自我的同时，认识到缺点和不足也是形成独特自我的一部分。金无足赤，人无完人。不要过分追求完美，对自身存在的心理问题也是如此。心理疾病同躯体疾病一样，只有坦然接受，才能更好地寻求帮助，尽快扫除自己心中的阴霾。如果能如此看待心理疾病，心理疾病也就不可怕了。

其次，在交往中正确认识他人对自己的态度与评价。有的大学生过分关注他人对自己的态度与评价，害怕他人对自己失望、不满意，从而过分压抑自我，这也是造成心理问题的重要原因之一。实际上，一人难称百人心。一个人无论多么优秀、多么努力，都不可能满足所有人的愿望或期待，让所有的人都认可自己。要意识到他人的意见和评价并不能决定自己的价值。

最后，要学会合理宣泄，释放压力。面对学习压力、考研压力、就业压力等心理负担时，大学生要学会恰当、合理的宣泄，这样不仅能有效预防严重心理问题的发生，还可以使已经形成的心理负担在一定程度上得到缓解。

2. 加强入学教育，使大学生尽快适应新的环境

入学教育是使大学生了解、适应新环境的有效手段，可以缩短大学生对新环境的适应时间，使他们可以较快地投入正常的学习生活中。及时进行专

业教育，能够使他们尽快了解本专业的特点、培养目标、发展方向、就业方向、教育资源、学习方法等，解答大学生的专业疑惑，使其较快适应大学阶段的学习。各学院的教师、辅导员、心理健康教育教师组织的团体活动，能够为学生创造集体活动的机会，促进学生互相认识、结交新朋友、建立友谊，有利于学生摆脱离开父母、进入新环境的孤独、不安，尽快投入新的学习和生活。

3. 进行挫折教育，提高抗挫折能力

挫折教育是教育者有意识地采用一定的教育方法和手段，帮助和引导受教育者以正确态度认识挫折、坦然面对挫折、适时调整心态、有意识地防范挫折可能带来的负面效应，使受教育者保持良好的心态，并将其固化为良好的心理素质，为最终实现自己的长远目标打下基础。当前的大学生多是从小养尊处优，对遭受挫折、经历磨难的心理准备不足，学校根据学生成长的需要，对其进行吃苦教育、生命教育、生存教育、社会教育等多种形式的抗挫折教育，能够帮助大学生正确看待挫折，认识到苦难也是生活的财富。

4. 开设心理健康教育课程，对大学生进行心理健康教育

成功的心理健康教育是培养大学生良好心理素质、预防和减少各种心理问题的有效途径。一方面，高校应开设心理健康教育课程，引导大学生完善自我，培养其理性思考的能力，拓展看问题的角度，增强自我教育的能力。同时，加强大学生对心理健康的重视，使其注重心理卫生，认识到不良情绪产生的原因与应对策略，保持积极健康的心态。另一方面，高校应该根据大学生表现突出的心理问题及不同年级学生的具体情况，设计举办大学生心理健康教育系列讲座，包括正确认识网络的作用、恋爱与性心理、人际交往、考研与就业等，对大学生进行适应性指导。

5. 建立心理档案，定期进行心理测试

利用现有的标准测试工具，如大学生健康调查表、生活事件量表、心理适应性量表、社会支持问卷、防御方式问卷、社会功能缺陷评定量表、抑郁状态量表、焦虑自评量表等，为在校大学生建立心理档案，以全面、系统地了解不同专业、不同年级大学生的心理健康状况，及时把握其心理状态，了解其存在的和亟待解决的心理问题。

6. 在社会实践活动中加强大学生的适应性教育

社会实践活动可以加强学生对社会的了解。高校应创造更多的社会实践机会，让大学生在社会实践中增长见识，了解自己的不足，改变盲目乐观和眼高手低的现状，适应社会要求，对未来踏入社会建立信心，减少心理迷茫。

参加社会实践活动能够锻炼大学生的意志。目前，大学生在思考问题和处理事情的时候容易以自我为中心，很少考虑他人的感受，且索取多于奉献，思维狭隘，容易接收负面信息，对生活失望。社会实践为大学生提供了接触社会、接触他人的机会，能使其发现以自我为中心的弊端，主动摒弃自身缺点，不断完善自我，树立正确的世界观、人生观、价值观，以更好地适应社会。

7. 动员家长参与大学生的心理健康教育

父母是孩子的第一任教师，同时也是孩子自我认识、自我评价的最初来源与重要影响因素。家长的举止言行、处理问题的方式、家庭的各种问题都会对大学生的个性形成和心理健康产生重要影响。另外，父母是与学生接触最密切的人之一，对子女的了解胜过他人，他们是子女行为强有力的影响因素。因此，教育部门应动员学生家长通过各种渠道加入大学生心理健康教育工作。一方面，教育家长要相信孩子，敢于放手，培养孩子的独立意识和独立面对生活、解决问题的能力；另一方面，要摒弃家长制，相信并尊重孩子自己的选择和决定，营造民主、和谐的家庭氛围。

现代社会充满机遇也充满挑战，对于大学生而言，在当今社会中生存比以往任何时候都需要良好的心理素质。因此，加强对大学生心理素质的培养，是全面推进素质教育的重要环节，是培养适应社会发展要求的高素质人才的必要举措。在学校、家庭、社会的密切配合和共同努力下，一定能够引导大学生走出自我认识的误区，更新观念，超越自我，走向成熟，成为具有创新精神和实践能力的能够承担未来祖国建设重任的优秀人才。

第四章　大学生学习心理

第一节　大学生学习心理概述

一、学习及学习心理概述

（一）学习的概念

许多心理学家、教育学家和哲学家都从不同的角度定义过学习。桑代克说："人类的学习就是人类本性和行为的改变，本性的改变只会在行为的变化上表现出来。"加涅说："学习是人类倾向或才能的一种变化，这种变化要持续一段时间，而且不能把这种变化简单地归之为成长的过程。"希尔加德说："学习是指一个主体在某个现实情境中的重复经验引起的，对那个情境的行为或行为的潜能变化。不过，这种行为的变化是不能根据主体的先天反应倾向、成熟或暂时状态（如疲劳、醉酒、内趋力）来解释的。"联合国教科文组织在 1987 年发布的《教育 —— 财富蕴藏其中》报告中指出："学习是指个体终身发展、终身教育的理念。"

学习的概念有广义与狭义之分。从广义上讲，学习是人和动物在生活过程中由经验引起的通过实践或训练而获得的相对持久的适应性的心理变化，即有机体以经验方式引起的对环境相对持久的适应性的心理变化。在这个定义里，体现了四个论点。一是学习是动物和人所共有的心理现象。虽然人的学习是相当复杂的，与动物的学习有本质上的区别，但不能否认动物也会学习（现代比较心理学实验证明，无脊椎动物也会学习）。二是学习不是本能活动，而是后天的习得性活动。虽然由于物种进化的不同，人和动物学习水平差异很大，但一切个体的学习活动都是由后天的经验或实践引起的，而不是由成熟或药物等暂时状态引起的。三是任何水平的学习都将引起适应性的行为变化，不仅有外显行为的变化（有时并不显著），也有内隐行为或内部过程的变化，即个体内部经验的改组和重建。这种变化不是短暂的，而是相对持久的。四是不能把个体的一切变化都归之为学习。例如，由于疲劳、生长、机体损伤及其他生理变化所产生的变化，就不属于学习，只有通过学习活动而产生的变化才能被称为学习。

狭义的学习是指在各类学校环境中，在教师的指导下，学生在较短的时间内系统地接受前人积累的文化经验，以发展个人的知识技能，形成符合社会期望的道德品质的过程。学生的学习过程有其本身的特点。一是学生的学习是一种特殊的认识活动，这种认识活动主要是为了掌握前人所积累的文化、科学知识，即间接的知识，它和科学家探索尚未发现的客观真理的认识活动是不同的。学生在学习中有时也可能有新的发现，但主要还是学习前人已经积累起来的知识经验。二是学生的学习是在教师指导下，有目的、有计划、有组织地进行的，是以掌握一定的系统的科学知识为任务的。三是学生的学习是在比较短的时间内接受前人的知识经验，用前人的知识经验武装自己。因此，不可能事事从头实践，重复原有的研究路线去掌握前人积累的间接经验。在学习过程中，虽然也要通过一定的实践活动或进行科学实验，以便获得直接经验，但那只是为了更好地理解、巩固和运用所学的知识，学生的实践活动是服从于学习目的的。四是学生的学习不但要掌握知识经验和技能，而且还要发展智能，培养品德，促进健康个性的发展，形成科学的世界观，这种双重任务是不可偏废的。可见，学生的学习不仅同人类发展中历史经验的形成过程和科学家探索客观真理的过程有区别，而且和一般条件下人们进行的学习也有所不同。

（二）学习心理

1. 学习心理的概念

了解大学生学习中的心理特征和心理障碍对于培养其健康的学习心理，提高其学习水平，使他们成为学有专长的人才具有十分重要的意义。那么，什么是学习心理呢？学习心理就是学生在学习过程中由于受到各种内在与外在因素的影响或刺激而出现的各种心理反应。对大学生学习心理的研究主要是从学习目的、学习动机、学习兴趣、学习策略、常见的学习心理问题等方面来展开。

2. 大学生学习心理的特点

大学学习阶段是人才成长由"求学期"进入"创造期"的过渡阶段。因此，大学生入学后，在学习上不仅有这些阶段的特点，还有独特的学习心理，这主要表现在两个不同的阶段。

（1）适应阶段的学习心理

学生在大学期间，要完成两个心理方面的任务：一个是从中学学习习惯向适应大学学习习惯过渡，另一个是做好从学校走向社会的心理准备。

学生进入大学校园，面临新的学习环境，大学学习环境与中学学习环境的不同会使学生表现出多方面的不适应。第一，学习动因不适应。升入大学后，过去对学生激励作用最大的动机成分，都因阶段性愿望的实现而失去了动力，加之现实的大学生活与原来理想中的美好憧憬产生了反差，造成了大学生在入学后的第一、第二个学期中出现学习成绩普遍下降的现象。第二，学习方式的不适应。大学生自学能力不足，不会主动学习，从而学习兴趣逐渐变弱，心理处于无可奈何之中。

（2）发展创造阶段的学习心理

在适应了大学的学习后，大学生主要从基础理论学习转向高级专业技能的学习。

这时期他们的学习主要集中在科研选题和创造性思维的发展上。这一阶段，他们的学习心理特点如下。首先，学习意识基本成熟。随着主体意识的萌芽，大学生的自我意识和学习意识也基本成熟。自我意识的形成是学会学习的关键，这种意识的增强主要表现为更强的学习独立性、自主性和可控性，如对学习内容主动选择程度的提高、对学习时间安排上较大的自主支配。自学能力已成为影响大学生学习效果好坏的主要因素。其次，学习动机发展到了核心层。大学生学习动机的一般发展进程是直接性学习动机随年级的升高而逐渐减弱，而以社会责任感为主导的学习动机则随年级的升高而加强，专业性的学习动机也随着年级的升高而日益巩固和发展。这表明，大学生的学习动机是不断向以学习的社会意义、人生意义为内容的深层动力核心层发展的。最后，学习的自我评定力日益增强。随着知识的丰富，大学生的自我评定力也不断增强。他们能对自己的学习效果进行合理评价，包括对学习动机的性质、内容、方向、动力的自我评定，对智力、能力活动及效率的自我评定，以及对知识、技能掌握程度的自我评定，并能据此制订出一套适合自己智力和能力发展的计划，对学习活动进行调节和控制。

二、大学生学习的特点

大学生眼中的大学学习是不同的，或是枯燥的、高深的，或是简单的、没有实用价值的，或是基础理论性的、前沿的。无论怎么定位大学学习，只有真正认识并把握大学学习的特点和规律，才能探寻适合自己的学习方法，从而获得良好的学习效果。

（一）学习内容上的特点

1. 专业化程度较高，职业定向性强

大学教育的任务是为社会培养各类高级专门人才。绝大多数大学生毕业后都要在社会各个实践领域从事与自己专业相关的职业活动，为社会服务。因此，学生一进入大学就要开始分系、分专业，在某一领域进行深入的学习和提高。他们学习的专业化程度较高，职业定向性较强。大学生的学习活动实质上是一种学习 - 职业活动。大学生要掌握专业的基础知识、基础理论，掌握从事各类专业活动的基本技能，为毕业后参加职业活动做准备。

2. 实践知识丰富，对动手能力要求高

大学学习的职业定向性较强，因此在大学学习中，实践知识的掌握和动手能力的培养具有特别重要的意义。学校教学计划中安排的实验、实习、社会调查、野外考察等内容就是为了达到这一目的。为了掌握本专业所需的实践知识和动手能力，单靠几个星期或两三个月的教育实习、临床实习是不够

的，还应在平时的学习中坚持理论联系实际，广泛参与社会实践。

3. 学科内容的层次性和争议性

大学生在专业学习中，不但要掌握本专业各学科的基础知识和基本理论，还要了解这些学科的最新研究成果及其发展趋势。同时，学习的内容还应包含一些有争议的、没有定论的学术问题。教师在阐述某一学科内容时，可以经常向学生介绍一系列各不相同的观点和理论，其中没有一种观点和理论目前已被证明是完全正确的。把这样一些有争论的问题引入大学学习内容之中，可以开阔学生的专业视野，激发学生智力活动的积极性，培养学生的科研动机，帮助学生认识发现真理的过程。

（二）学习方法上的特点

1. 自学方式日益占有重要地位

在高中阶段，学生学习是在教师的直接组织和指导下进行的。进入大学后，自学在学生的学习中日益占有重要地位。在大学高年级，自学甚至成了学生学习的主要方式。这表现在以下几个方面：第一，大学的课程不是安排得满满的，而是留有较多的自学时间，这使学生有可能把精力投入自己认为有必要或感兴趣的方面；第二，即使在课堂教学中，教师也不可能教授相关学科的所有内容，而是要布置各种参考书供学生课后自学；第三，大学生撰写学年论文、毕业论文，参加科研工作，都是在教师指导下依靠自己的力量独立完成的。所有这些，都要求大学生注意培养自学能力，学会自己确定学习目标、自己安排时间，学会迅速地查找和阅读各种专业资料，学会做笔记、写摘要、做综述，学会独立自主地获取知识。

2. 学习的独立性、批判性和自觉性应不断增强

大学学习要求学生具有较强的独立性、批判性，能以批判的态度对待学习。大学生不应轻信教师授课的内容和书本上现成的理论，不应迷信专家、学者的有关论述，而应该通过自己的独立思考和探索得到结论。大学生讨论问题、争辩问题，向教师提问，和教师辩论，表达自己独到的想法、见解和观点等都是独立性的体现，但要避免盲目自信和认识上的片面性。大学学习

对学生自觉性的要求也比较高，大学生应清醒地认识到自己肩负的责任和学习的意义、价值，明确学习目的，端正学习态度。实际上，多数大学生不需要教师的监督，就能自觉地、孜孜不倦地学习和思考。

3. 课堂学习与课外、校外学习相结合

课堂学习虽然还是大学生学习的主要途径，但已不像中学生那样几乎是唯一的途径。除课堂学习外，他们还要按照教学大纲的要求完成实验作业，在图书馆和资料室查阅文献，参加或协助教师开展科研活动，听各种学术报告和讲座，参加学生会和社团、协会的工作。除了通过校内的多种学习途径进行学习外，大学生还应不断地参与社会实践活动，从社会实践中学习。各种学习和实践活动不仅能极大地调动大学生的学习积极性，而且能有效提高大学生独立学习和独立工作的能力，从而为他们成功走向社会、发展职业打下坚实的基础。

（三）大学生学习动机的特点

大学生的学习动机因社会生活条件、教育实践影响和个人生活经历的不同而有所不同，表现出各自的发展特点。

1. 学习动机的多元性

大学生的学习动机是多种多样的。有关研究表明，大学生的学习动机主要有四类：第一类是报答性和附属性学习动机，如为了报答父母的养育之恩，为了不辜负老师的教诲，为了取得其他同学的认可和获得朋友的支持等；第二类属于自我实现和自我提高的学习动机，如为了满足荣誉感、维持自尊心、发展认知兴趣、满足求知欲等而努力学习；第三类属于谋求职业和保证生活的学习动机，如为了获得一个理想的职业，为了获得满意的物质生活而学习；第四类属于事业成就的学习动机，如希望自己在专业上有所建树，希望自己能对社会有所贡献，深知自己肩负振兴中华的使命、责任和义务等。

大学生四种类型的学习动机实际上是不同层次和水平的动机。在同一个大学生身上，其学习动机也是多种多样的，大学生并非受其中单一的动机所支配，但这些动机有主有从。

2. 学习动机的间接性

调查表明：大学生的直接性学习动机，如分数、赞赏、奖励、避免受到惩罚等，随年级的升高逐渐减弱；而间接性学习动机，如求知、探索、成就、创造、贡献等，随年级的升高逐渐加强。教育实践的经验也表明：大学低年级学生对考试分数很重视，常常因不能取得高分而苦恼；而随着年级的升高，学生对分数虽然仍旧重视，但重视的程度减弱了。相当多的大学高年级学生在某些课程上只要求通过考试，在另一些课程上则特别注重广泛吸取知识，参与创造性的探索工作，掌握现代化的科学研究方法。这也说明随着年级的升高，大学生的直接性学习动机逐渐减弱，而间接性学习动机逐渐增强。

3. 学习动机的社会性

调查表明，大一新生认为自己高中时的学习动机是"报答父母恩情""争口气"的占 91.3 ％；而对大学一、二年级学生的调查则显示，有 89.5 ％的学生认为"做一个对社会有更多贡献的人""在某专业领域有所建树"等是自己学习的动力源泉。这说明，随着年级的升高，大学生学习动机的社会性意义也在日益提升。

4. 学习动机的职业化

我国大学生虽然绝大多数是按其报考志愿录取的，但学生的高考志愿往往并非出自其个人的意愿，而是带有相当大的盲目性。因此，不少大学低年级学生都存在专业认同感较低的情况。但是随着年级的升高，以及学生对所学专业的了解日益加深，他们对自己所学专业的喜爱程度也逐年加深，职业化的学习动机开始逐渐巩固。

三、影响大学生学习心理的因素

（一）智力因素

智力因素是学习的必要心理条件，也是成才的必要条件。智力因素包括观察力、注意力、记忆力、思维能力和想象力五种因素，并以思维能力为核心。学习过程是以一定的智力发展水平为前提的心智活动过程。

1. 观察力对学习心理的影响

观察力是大学生学习的基本智力条件。大学生将观察作为学习的基本手段，以获得基本的、丰富的感性材料，从而有助于大学生更好地理解和掌握理论知识，满足大学生自我发展的需要。观察力不仅是智力活动的门户，也是进行科研探索的重要心理因素。良好的观察力能使大学生从学习中积累经验，促使他们产生强烈的探索欲望。大学生从细致的观察中可以发现问题、提出问题、解决问题，弄懂其中的道理，从而加深所学知识。心理学家和教育学家对学习成绩较差的大学生进行长期研究之后发现，这些大学生普遍缺乏观察力，因此也就缺乏探索进取心。观察力还是决定大学生成才的关键条件。是否有创造力是大学生能否成才的关键，而较强的观察力则是富有创造性学习能力的大学生的重要心理特征。观察力强的大学生在观察过程中会把注意力集中在最关键的地方，善于提出问题并寻找解决问题的方法。反之，观察力差的大学生则不善于提出问题和解决问题，在学习中处于被动。

2. 注意力对学习心理的影响

大学的学习丰富多彩，图书馆是大学生学习的最佳场所。大学生在随意浏览中能获得许多知识，这种无意中所获得的知识是比较零散的、不成体系的。所以，在大学的学习中，专业课程和科研创新都要依靠有意注意和有意后注意。有意注意可以帮助大学生获得系统的知识。在大学的课程中，理论课和一些专业课比较枯燥，大学生必须全神贯注地学习，以应付繁重的学习任务，这就必须依靠有意注意。但有意注意也会消耗大学生过多的精力，造成大脑紧张，学习过程中的心理压力加大。有意后注意是一种更高级的注意形态，是大学生进行创造性学习的必要条件。有意后注意，就是事前有预定目的，不需意志努力的注意。这种注意的形成有两个条件：一是对活动有浓厚的兴趣；二是活动的自动化，因为它是由有意注意通过努力学习转化而来的。

3. 记忆力对学习心理的影响

记忆是人们最熟悉的心理现象，每个人都能随时体验。记忆力与大学生的学习更是有着十分密切的关系。记忆力好的大学生，学习和工作的效率就高；记忆力不好的大学生，在学习过程中就会遇到许多麻烦，学习成绩也不理想，工作中也会出现差错。就大学教师对"聪明大学生"的看法做调查，其中 43.8 % 的大学教师认为记忆力强是"聪明大学生"的智力特征之一。

4. 思维能力对学习心理的影响

思维也就是我们常说的思考、思索，是一种高级的心理活动，即反映客观事物一般属性和内在联系的心理活动。比如，人们遇到问题时，常说"我要想一想"，这里的"想一想"指的就是思维。思维能力是智能结构的核心，是学习成功的智力要素。孔子曾说"学而不思则罔，思而不学则殆"，可见思维能力在学习活动中的重要意义。人们要想得到对于客观事物的理性认识，必须通过思维才能实现。随着社会对新型人才需求的增加，对于大学生而言，良好的个人思维能力具有重要意义。

5. 想象力对学习心理的影响

想象力是在表象基础上创造新形象的能力或本领。想象力是智力结构的动力因素，是智力活动的翅膀。人的认识活动要富有创造性，就离不开丰富的想象力。想象和思维是相互交叉、相互渗透的，如果没有想象力的支持，是不可能产生创造性思维的。

（二）非智力因素

美国心理学家推孟等人曾对 1 500 名学生进行了长达 50 年的追踪研究，结果发现 150 名最成功者与 150 名最不成功者之间在智力发展上并没有什么大的不同，而是进取心、自信心、兴趣等非智力因素起着重要的作用。非智力因素指人在智力活动中，不直接参与认知过程的心理因素。

1. 兴趣与学习

学习兴趣历来为教育工作者所重视。"兴趣是最好的老师"，这句话就充分说明了兴趣与学习的关系。浓厚的兴趣能推动个体进行探索性的学习。对某一学科有着强烈而稳定兴趣的大学生，会将此学科作为自己的主攻方向，在学习中主动克服困难，排除干扰。兴趣是大学生成才的重要方面，大学生有学习兴趣之后，就能够刻苦钻研，向着更高目标迈进。

2. 情感与学习

情感分为情绪和情操两种形式。情绪具有情境性、激动性、短暂性及表现明显等特性，与生理性需要相联系。其主要表现形式有心境、激情、应激、挫折，统称为情绪状态。而情操则是习得的比较高级的、比较复杂的情感，与人的社会需要相联系。其主要表现形式有理智感、道德感和审美感，统称为高级社会情感。在学习活动中，适当的激情、良好的心境、饱满的热情是有利于学习的重要的心理品质；而情操则是推动学习的强大动力，是一个人取得学业成就大小的先决条件。人是自己情感的主人，在学习过程中，学生既要通过学习活动形成和发展自己的情操，又要保持和激发积极的情绪状态，满腔热情地投入学习。学生要学会用理智支配情感，做情感的主人，以克服消极的情感，防止它们对学习活动产生阻抑作用。

3. 态度与学习

学生的学习态度是指学生在学习情境中表现出来的比较稳定的心理倾向。大学生的学习态度直接影响其学习行为和学习成绩。教师的人格魅力与教学水平直接影响学生的学习兴趣。很多情况下，学生会有意或无意地吸取或模仿教师的某些行为，把教师作为自己心目中的楷模，因此教师的良好教学态度有利于学生端正自己的学习态度。

4. 意志与学习

有人对大学生的学习曾做了这样的描述：大学生差别最小的是智力，差别最大的是毅力。因此，意志在大学生的学习中起重要作用。在学习活动中，学生要下定决心，明确学习目的；要树立信心，相信自己的力量；要持之以恒，百折不挠，才能取得优异的成绩。

在学习过程中，大学生必须通过具体的学习来培养自己的意志，必须通过攻克难关、迎战困难来锻炼自己的意志。总之，要利用一切机会和环境培养自己良好的意志品质。只有那些在学习上克服重重困难、勇于攀登高峰者才能称为意志坚强的人。

5. 性格与学习

陶行知先生从教育实践中得出，良好的性格特征主要有以下四个方面：一是努力奋斗；二是实事求是；三是独立意识；四是创造精神。一个具有优良性格特征的大学生，可以保证其具有正确的学习动机、稳定的学习情绪、持久的学习举动和顽强的学习意志。良好的性格特征能提高大学生心智活动的水平，使之获得学业上的成功。

第二节　大学生学习心理障碍与调适

学习是什么呢？国际 21 世纪教育委员会提出了四大教育支柱——学会求知、学会做事、学会共处、学会做人。之所以称其为"四大支柱"，是因为它们是能支持现代人在信息社会有效地工作、学习和生活，并能有效地应对各种危机的四种最基本的能力。其中学会求知就是学会学习。在谈到学会学习时，国际 21 世纪教育委员会指出："这种学习更多的是掌握获得知识的手段，而不是学习经过分类的系统知识。"因此，大学生在大学期间的学习不仅是知识的学习，更要注重自己能力的提高。作为一名现代的大学生，该如何面对并进行自己在大学期间的学习呢？

每个大学生都是怀着梦想走进大学的，然而进入大学以后，突然发现自己处在一个难以应对的学习环境之中，原本自己在中学阶段引以为傲的成绩优势不存在了，曾经的雄心壮志磨灭了，驾轻就熟的学习方法失效了……那么，大学生在学习上面临的主要问题有哪些呢？

一、大学生常见的学习心理障碍

（一）学习与心理健康的关系

学习是大学生最主要的任务，而学习又是一个非常复杂的心理现象。因此，除了大学生的心理健康状况，心理发展水平也会对大学生产生直接作用，大学生的学习活动也会对他们的心理健康有很大的影响，二者是相互影响、相互制约的。

1. 学习对心理健康的影响

（1）学习对心理健康的积极影响

学习可以使大学生发展智力、开发潜能，任何一个人的智力水平都是在学习过程中不断发展的。即使大学生的智力再好、智商再高，如果不学习、不会学习，智能也得不到开发和利用。一定的智力水平是心理健康的基础，而大学生的潜能也会在学习中得到表现。大学生的表达能力、创造能力和实践能力都只有在实际学习中才能得到开发利用和提高。学习能促进大学生认知水平和自我概念的发展，大学生只有通过学习，才能提高理论水平，并发展学习能力，逐步掌握科学的认知方法。同时也只有在学习过程中，他们才能发现自身的不足，正确认识、评价自己和他人，才能根据社会的发展进行自我调节。学习能够调节大学生的情绪和情感，并能够给人带来身心的愉悦和满足。如果大学生利用自己的智慧最终发明了新事物，取得创新科研成果，按照美国人本主义心理学家马斯洛的说法，这时创造者的主观情感会是一种神秘的"高峰体验"。

（2）学习对心理健康的消极影响

学习不仅是复杂的心理现象，也是一项艰苦的脑力活动。如果学习的内容不健康，就会给人生观和价值观还不成熟的大学生带来心理污染。如果学习负担过重，就容易使大学生产生心理压力，精神高度紧张，从而对身心造成伤害。学习方式不当，学习难度过大，长期不能提高成绩，也会打击大学生的自信心，使其产生自卑心理。这些都会对心理健康造成危害。

2. 心理健康对学习的影响

学习是非常复杂的心理现象，它涉及注意力、观察力等认知过程因素，也涉及动机、情绪、个性等非智力因素。因此不能简单地把学习成绩的好坏与智商的高低等同起来。在大学里，可以说每个学生的智力起点都比较高，个体的智力水平差距较小。可是为什么同一专业，甚至是同一班级学生的学习成绩差距会比较大呢？有的学生学习起来毫不费力，而有的同学却感到被学习压得喘不过气，甚至无法完成学业，其原因就是个人的心理健康状况各有差别。心理学研究表明，心理健康状况对大学生的学习有着很大的影响。那些心理健康，尤其是非智力因素好的学生，他们的学习比较轻松，学习成绩也比较优异。而心理健康状况不良，则会对学生的学习产生妨碍，甚至使大学生无法完成学业。学习与心理健康状况是互为基础、互相促进的。

（二）大学生常见心理困扰

1. 厌学

厌学是一种典型的心理疲倦反应。目前，厌学现象在大学生中较为普遍，主要表现为：学习不主动，课前不认真预习，课后不及时复习；情绪消极，作业拖拖拉拉，敷衍了事；注意力分散，上课不认真听讲；作息不正常，经常上课迟到，甚至逃课。伴随而来的是学习效率降低，考试成绩下降。学生厌学情绪产生的原因比较复杂，包括学习内容枯燥、教学方法呆板、学生所承受的压力较大、学习的时间太长等。

2. 懒惰

懒惰是一种怕苦怕累的心理现象。这类学生以为考上大学就万事大吉，在学习上不肯用功，不求上进，学习任务难以完成。常常表现为怕动脑筋、懒于思考，平时"玩"字当头，"混"字当先，只图一时安逸。究其根源，是缺乏远大理想和抱负。他们的学习目的不明确，学习动机不纯，未能树立正确的人生观、价值观。

3. 自卑

自卑是羞于落伍的自尊心和学习成绩低下的客观事实，在长期的矛盾冲突中得不到解决而造成的心理创伤，是后进生中普遍存在的心理现象。这类学生有的虽经一再努力，但成绩总是上不去，丧失了进取心；有的由于学习成绩太差，主观上又不努力，在学习上一再受挫，像泄了气的皮球，再也鼓不起学习的勇气；有的觉得考研无望，缺乏竞争资本，因而自甘落后，自我轻视。自卑心理产生的原因是多方面的：有的与家庭教育方法不当、社会影响不良有关；有的是由于学校教育失误造成的；有的是个人智力和非智力因素影响所致。自卑是学生健康成长的严重障碍，对学生的整个学习过程影响极大。

4. 兴趣狭窄

兴趣狭窄是指这类学生的兴趣比较单调,把自己局限于狭小的圈子之内。其原因有的属于学生本身的认识问题,兴趣不广泛;有的因教师教学方法陈旧,不能激发学生的学习兴趣。兴趣狭窄不仅影响学生个性的全面发展,也影响他们生活内容的丰富性。就学习而言,兴趣狭窄的学生很难获取丰富的知识,也很难发展多方面的能力。

5. 消极归因

消极归因指人们对别人或自己的行为原因加以消极地解释或推论。消极归因者往往不能正确地认识问题。例如,学习成绩差的学生,不会从自身的学习动机、学习态度、学习意志、学习方法上找原因,往往把责任推给教师,认为教师教得不好,或认为学习环境不理想,影响了自己学习的进步,以此来消极地保护自己的自尊心和虚荣心。当他们因学习上的问题受到老师的批评时,没有勇气做自我批评,总是设法找一些理由来为自己辩护,或以他人类似的行为来为自己开脱。消极归因是缺乏自我意识的表现,不利于健康心理品质的形成,同时对学生的学习进步也有不良影响,甚至能促进习得性无助感的产生。

6. 逆反心理

逆反心理是指在行为主体按照特定标准或社会规范对人们进行引导和控制时,客体产生的反向心理活动。具体来说,是一种"你要我这样我偏不这样"的情绪。这类学生常常表现为:上课时对老师的教育置若罔闻或明听暗顶;对老师和学校采取的许多教育措施无动于衷;对老师教的知识毫无兴趣;对同学的热心帮助不予理睬;对家长的教诲加以排斥。学生一旦产生逆反心理,必将对其学习成绩产生不良影响。

(三)大学生常见心理障碍

1. 大学生学习动机障碍

面对新的环境,一些大学生在经历了高中的刻苦学习之后,产生了松劲的念头,加上大学学习的竞争有着"隐性"的特点,因此大学生在具有强烈学习愿望的同时，推动这一愿望变成行动的动力强度往往不足。"想法多，行动少"是大学新生普遍存在的心态，不少学生热衷于课外兼职或其他社团活动，对待学习消极马虎。有一名学业成绩优异但家庭贫困的大学生曾经在心理咨询的过程中说道："上大学后，我忽然感到心中茫然，学习没有动力，生活没有目标，有时候想到辍学在家的妹妹和年迈的父母，我也恨自己不争气，可我的确找不到奋斗的目标与学习的动力，学习上得过且过，生活上马马虎虎、漫无目的，上课打不起精神。我不是喜欢上网，而是因为实在没意思才去上网聊天、打游戏。"这位大学生的困惑就是典型的学习动机不足。大学生的学习动力不足，是指学习没有内在的驱动力量，没有明确的学习方向，无知识需求，更无学习兴趣，厌倦学习，尽力逃避学习，这也是某些学生常说的"学习没劲头"。

（1）学习动机不足的表现

①懒惰行为。表现为不愿意上课，不愿意动脑筋，不完成作业。学习上拖拉、散漫，怕苦怕累，并经常为自己的懒惰行为找借口。

②容易分心。动机不足的学生注意力差，不能专心听课，不能集中思考，兴趣容易转移。行动忽冷忽热，情绪忽高忽低。

③厌倦情绪。动机缺乏的学生对学习冷漠、畏缩，常感到厌倦，认为学校与班级生活比较无聊。

④缺乏方法。动机不足的学生把学习视作奉命的、被迫的苦差事，因此不愿积极寻求一些适合自己的学习方法，满足于死记硬背、应付考试。因为缺乏正确灵活的学习策略和方法，所以往往不能适应新的学习环境。

⑤独立性差。动机缺乏的学生，在学习上没有明确的目标，学习行为往往表现出从众性与依附性，极少有独立性和创造性。

（2）学习动机过强的主要表现

①容易自责。在学习上追求成功，要求完美，对自己的要求严格而苛刻，不敢接受学习失败的现实，易产生挫败感，争强好胜，看重分数名次。

②过于勤奋。几乎把所有心思和时间都用在学习上。

③情绪紧张。伴随学习焦虑和考试焦虑经常感到紧张不安。学习压力过

大，情绪难以松弛，导致学习过程中注意力不集中、记忆下降、思维迟钝、学习效率低下。

2. 大学生注意力障碍

大学生在学习中都曾遇到过这样令人苦恼的事情：看书的时候在头脑中会冒出许多与书本无关的东西，比如曾经听过的歌曲、一次偶然的经历等；上课的时候也总是走神，一会儿想起电视情节，一会儿想起曾经做过的事情。精力不集中，学习效率就大大降低。尽管内心十分想要克服，但总是不能取得很好的效果，很多学生为此痛苦不已。

注意力不集中的主要表现如下。

①上课不能专心听讲，大脑常常开小差，盯着黑板却心猿意马，自己不能控制。

②易受环境的干扰，教室外的小小动静都能引起注意力的转移，而且长时间不能静心。

③参加活动，如体育运动或看一场电影后，久久沉浸在情节的回忆之中。

3. 学习疲劳

学习疲劳是指学习者由于学习过度或学习方法不当而产生的学习效率逐渐降低，并伴有渴望停止学习活动的生理和心理现象。学习心理研究表明，凡是需要紧张注意、积极思维和加强记忆的学习活动，都容易产生疲劳。

学习疲劳的产生是一个由浅入深的积累过程，最初总是先感觉到身体上的种种不适，然后转化为心理上的各种障碍。学习疲劳通常分为三个阶段。第一阶段——早期疲劳。这一阶段的特点是原来的兴奋过程受到抑制，而原来的抑制过程却因减弱或解除而变得兴奋起来。具体表现为学习精力不集中、听课走神、记忆力减退、学习效率明显降低。第二阶段——显著疲劳。这一阶段的特点是兴奋和抑制过程全部减弱，大脑皮质的保护性抑制加深和扩散。具体表现为哈欠连天、瞌睡不止、思维缓慢、反应迟钝、学习失误率增高、学习速度明显减慢。第三阶段——过度疲劳。这一阶段的特点是大脑皮质呈高度抑制状态，且出现了明显的病理现象。具体表现为心理功能下降、思维停滞、精神萎靡；生理上出现头昏、头痛、失眠、嗜睡、食欲减退和消化不良等症状。

4. 考试焦虑

考试是一种复杂的智力劳动，是一种非常状态，要求考生头脑清醒、情绪稳定。考试焦虑是一种严重影响考试水平发挥的情绪反应。考试是滋生紧张情绪的土壤，有的学生因考试紧张，不能正常发挥自己的水平，这主要是由于求胜心切，加重了心理负担。求胜动机在大脑皮层的某一区域形成了占主导地位的兴奋中心，使其附近区域处于抑制状态，这会破坏知识之间的联系，妨碍大脑对知识的调动与提取，而记忆的暂时中断往往会加重焦虑情绪，从而加深考生对考试成绩得失的忧虑，于是导致恶性循环，容易出现错答、漏答或不知如何应答等现象。此外，在焦虑的状态下，学生的分析、综合、抽象、概括等具体思维能力无法正常发挥，也会导致考试失败。

考试焦虑的具体表现：情绪上表现为担忧、焦虑、烦躁不安；认知上表现为注意力不集中、记忆力下降、看书效率低、思维僵化；行为上表现为坐立不安、手足无措；身体上表现为头痛、食欲下降、恶心、心慌、睡眠不好等。严重的还会出现具有高度考试焦虑的学生在考前出现的明显的生理心理反应，例如：过分担忧、恐惧、失眠健忘、食欲减退、腹泻等症状；在临考时心慌气短、呼吸急促、手足出汗、发抖、频频上厕所、思维浮浅、判断力下降、大脑一片空白。个别学生在考场上会出现视障碍，如看不清题目、看错题目、漏题丢题、动作僵硬、手不听使唤、出现笔误等。

二、大学生学习心理障碍的成因

根据调查，目前大学生学习心理障碍主要表现为厌学、焦虑、懒惰、自卑、兴趣狭窄、消极归因、逆反心理等。大学生的学习比中学生的学习更需要自觉和独立，因此学习心理障碍对大学生的学习有着极大的影响。研究发现，造成大学生学习心理障碍的主要原因来自三个方面。

1. 缺乏中等强度的学习动机，上大学前后有"动机落差"

心理学家在大量实验的基础上得出结论，学习效率与动机强度之间的关系，可以描绘成一条倒 U 形曲线，即中等强度的动机最有利于学习的进行，动机过强或缺乏动机都会影响学习效果，并带来一系列心理问题。在高中阶段，很多学生以考上大学为唯一的学习目标，一旦目标实现，极易产生松懈心理，希望在大学中好好享乐一番，没有及时树立起学习的目标，造成了考上大学前后的"动机落差"。此外，高中阶段很多学生兴趣狭窄，爱好很少，一门心思考大学，没有特长。一旦进入大学，就迫切地想发展自己的爱好特长，把主要精力放在"玩这玩那""练这练那"上，对学习逐渐失去了兴趣。

2. 意志薄弱，自我控制能力较差

有的大学生心理脆弱、意志薄弱，不能经受失败和挫折的考验。学习顺利时，兴趣高、信心足；但稍有不如意，就消沉自卑。长期下去极易产生焦虑紧张的不良心理，丧失进取心和学习兴趣。大学新生一般自我控制能力较差，容易受别人影响，有时会有意无意地模仿高年级学生的做法——"他们玩我也玩""他们谈恋爱我也谈恋爱"，久而久之便失去了自我控制的能力。

3. 不良的社会环境及家庭环境的影响

社会环境所包括的范围很广，如各种社会关系、社会风气、习惯势力、文化设施、家庭条件、亲友关系等。随着社会的发展，社会环境也越来越复杂，它对人类活动的影响也越来越大，人们也越来越容易受到不良社会环境的影响。例如，大学生听说社会上的所谓"知识贬值"的现象，便觉得读书无用，滋生厌学情绪，并进而引发一系列的学习心理障碍。另外，缺乏父爱和母爱的孩子，也可能会有一些异常的表现，导致学习心理障碍。

相当多的大学生在学习过程中会出现一段时间学习成绩和学习效率停滞不前，甚至学过的知识感觉模糊的现象，心理学上把这种现象称为"高原现象"。

大学生在学习进程中常会有这样一个阶段，即学习成绩到一定程度时，继续提高的速度减慢，有人甚至停滞不前或倒退。例如，在总复习的初期，每个人都很有信心，学习效果也较明显，但过了一个阶段，即在经历一段时间的复习之后，成绩就再难有较大提高，甚至忽高忽低，沉浮不定。有的大学生的复习效果逐步减退，甚至停滞不前，头脑昏昏沉沉，什么事都不想干，看不进书，也记不住内容，出现急躁、烦闷的情绪。

这是正常现象，也是有规律的现象，在学习每一个新知识时都会发生，在各个年龄段的学习者中也都会发生。这种现象和学习者的年龄、学习内容、心理品质等诸多因素都有关系，而且会循环出现。只是有时周期短些，有时周期长些；有时持续的时间短些，有时持续的时间长些。

那么怎样克服"高原现象"呢？

第一，合理调整大脑中存储的知识，使之条理化，以便在进行新知识的学习时，能顺利地把它们提取出来加以运用，并可迁移到其他方面。

第二，克服生理上的障碍，调节精神，保持乐观向上的态度。

第三，及时进行反馈，使自己知道学习结果和进程，并适当地调整学习过程，使学习得以进一步深入。

第四，经过审慎、仔细的考察，可以科学地转换学习目标，既能暂时转移过于狭窄的注意力，又可以避免钻入死胡同。

三、大学生学习心理障碍的调适

（一）采取积极的预防措施

1. 进行正确的人生价值取向教育，唤起其学习欲望

人生价值的要义在于对社会、对他人的责任和贡献。大学生要明白，如果今天不打下扎实的专业知识基础，就不能在明天为社会创造更多的劳动价值。一个人创造的劳动价值越少，其人生价值就越低。可用科学家忘我工作、无私奉献的精神鼓舞学生，用学习上的榜样激励学生，以帮他们克服怕苦怕累的思想，克服学习上的种种困难，引导他们把学习当作一种需要，使他们如饥似渴地汲取知识养料，为将来创造更多的劳动价值而努力。

2. 满足情感需要，改变其学习行为

教师对学生的爱，可以缩短师生间的心理距离，可以使学生由爱老师，进而发展为爱学习；教师对学生的信赖，会使学生产生强大的精神动力和自信心，进而努力学习；教师对学生的宽容，可以消除学生在学习上的紧张、焦虑的心理。因此，教师必须关心、了解学生，尊重、信任学生，公平对待

学生，以自己热诚的感情去满足学生的情感需要，激励学生好好学习、不断进取。

3. 确立目标，树立信心，增强学习动机

学习动机的培养是家庭、学校、社会及个体本身共同作用的结果。专业课教师要把动机的培养、激发、强化贯穿于教学过程的始终。如果教师介绍的内容与学生的需求结合恰当，就会使学生产生兴趣，有助于学生慢慢地养成良好的学习习惯，激发学生学习的积极性、主动性。同时，教师要辅导学生制定学习近期和远期目标，经常检查学习结果，督促其目标的完成。沃尔伯格等人于 1979 年研究了动机水平与学习成就的关系，结果表明：在一定强度范围内，学习动机越强烈的被试者，其学习成绩就越好，这种正相关的显著水平达 98 %。

（二）加强健康的学习心理教育

健康的学习心理一般包括正确的学习动机、浓厚的学习兴趣、顽强的学习意志、良好的学习行为等。教师应加强对学生进行健康的学习心理教育，提高学生的学习心理健康水平。

1. 加强学习动机教育

学生是学习的主人，必须对自己的学习负责，教师应担负激发学生学习动机、发掘学生潜能的责任。首先，教师应使学生获得成功的体验，了解每个学生的兴趣、需要与目标，掌握学生的认知基础，设置学生通过努力可以完成的教育目标和活动，从而促使学生获得成功的体验。其次，教师要创设和谐的学习氛围。教师要掌握自己的教育目标和学生的学习目标，注重和谐的学习氛围的创设，应将注意力集中在学生个人的成绩、个人的独特方法和能力上，而不要强调与别人进行比较，应突出强调学习过程和学习任务的价值，而不要过分关注学习的结果。最后，教师要树立有进步就是成功的新理念。教师要及时发现学生的点滴进步和成绩，对学生取得的成绩给予表扬和鼓励。在教学过程中，教师要训练学生对自己的学习结果进行评价，即使有点滴进步也要自我奖励，这样有助于营造良好的心理氛围。

2. 培养广博、稳固、持久的学习兴趣

兴趣对于丰富知识、开发智力有重要意义。教师应根据学生不同的兴趣特点，安排不同的教学内容、采取不同的教学方法，以激发学生的学习兴趣。教师要在了解学生已有兴趣情况的基础上，有针对性地培养他们的兴趣，促进他们的兴趣向着有社会价值、广博、稳定而有中心的方向转化，从而增强其学习兴趣的广泛性、稳固性和持久性，提高其学习的积极性、主动性和自觉性。

3. 加强学习方法指导，提高学习能力

在教学过程中，教师要有机渗透，加强学习方法的指导。例如：在预习指导中可分享一些查阅工具书，运用学习迁移规律，圈点、评注等方法；在讲课中可传授一些阅读、分析、比较、概括、归纳等技巧；在课后练习中可传授一些审题、运算、检验、修改等方法。努力使学生掌握一定的学习方法，学会学习，不断提高学习能力。

4. 培养学生顽强的学习意志

教师要培养学生顽强的学习意志，指导学生认识挫折产生的自然因素、社会因素、生理因素和心理因素，使他们在学习中遇到挫折时能全面地分析挫折的情境，选择恰当的应对方式。教师要有意识地训练学生的学习意志力，使他们对挫折能采取积极的心理防御机制。教师要对学生受挫折后产生的攻击行为、退化行为、固执行为、冷漠行为等进行疏导，帮助他们分析不良行为的危害，指导他们采取正确的适应方式。

5. 加强学习行为教育

教育学生养成良好的学习习惯，学会支配学习时间，学会选择恰当的学习方法，学会分析自己的学习情况，做到有目的、有计划、有步骤、有重点地学习，努力提高学习效率。

（三）创设良好的学习环境

学校要加强与家长和社会的联系，形成合力，创设"隐性课程"，帮助学生共同解决学习心理障碍，促进学生的学业进步。

1. 构建和谐校园，优化学校环境

首先，学校应尽可能地改善学生的学习条件；其次，学校应致力于建设符合国家教育方针政策的、符合学生身心发展的和符合学校自身特点的校园文化；最后，教师应主动自觉地改变传统的角色，真心诚意地与学生平等交流与合作，建立良好的师生关系，优化人际环境。

2. 搞好社区教育，优化社会环境

社区教育在本质上是学校教育功能在时间上和空间上向社会的延伸与发展，是教育社会化与社会教育化的统一。学校要利用好社区的一切优势资源，如建立德育基地、实习基地、学习基地、体育活动基地等，使学校的办学条件得以改善，为学生提供良好的德育社会环境，为学生接触社会、了解社会、参与社会开辟实践途径。同时，社区可以动员社区居民治理脏乱环境，种植花草树木，绿化、美化社区，消除环境污染，为学生的成长创造有利的外部社会环境。还要通过社会力量消除影响学生健康成长的各种设施和场所，减少诱发学生违法犯罪的消极因素，净化社区育人环境。另外，随着社会的高速发展，大众媒体（特别是互联网的发展）的影响日益增强，社区要加强监督和管理，给学生创造一个健康、向上、温暖的学习环境。

3. 注重家庭教育，优化家庭环境

家庭教育是人生的第一篇章，是个体社会化教育的基础。孩子出生后的第一个生活环境就是家庭，父母就是孩子的第一任教师。但由于种种原因，我国的家庭教育的发展不够理想，仍然存在许多不容忽视的问题。因此，创设民主和谐的家庭环境，不仅需要融洽的家庭人际关系，还应该加强家庭文化建设。这不但能使家庭充满快乐，而且能提高家庭成员的文化修养，为孩子成长创造良好的家庭环境条件。

第三节　大学生学习能力的培养

一、大学生学习能力的培养

许多大学生可能会有这样的困惑：为什么我和邻桌的同学每天上课学习的内容是一样的，下课复习的时间也差不多，我在各科上花费的时间与精力都不比他少，甚至还会偶尔熬夜学习，但为什么他的成绩总是比我高，他的专业知识总是比我扎实呢？既然大家都能以不错的成绩考入大学，那么大家的智商不会相差很大，难道真是我的学习能力不如别人吗？学习能力如何进行培养、潜能如何开发是很多大学生关注的问题。

（一）大学生学习的信息能力培养

教材对于高校大学生来说，是一种重要的图书资源，但是很多大学生却不知道怎样正确使用教材及如何从教材中汲取自己需要的知识。从对大学生学习情况的调查来看，教材只有到了考试前突击复习时才会"被利用"，教材作为图书资源还远没有充分发挥其作用。大学生应尽快熟悉教材，了解教材的设置和主要内容及在这门课程中的作用，最大限度地利用好教材。

在高校，还有一种重要的图书资源，就是图书馆。美国耶鲁大学校长理查德·莱文曾主张在现代教学课程中，学生们在学习时应该倾向于了解获取信息的方法和过程，如各种形式的文献检索途径，各类学科文摘、索引及参考文献等，因为这些文献信息资料能帮助学生在步入社会前获得一些解决问题的经验和方法。图书馆无疑起到了这样的作用，大学生在校期间利用图书馆学习也是培养其学习能力的一种方式。

对于高校大学生来说，获取信息的另一途径是网络。大学生要正确使用网络，提高从网络中获取信息能力。从理论知识方面，主要是使高校学生掌握信息学概论、现代信息技术、信息检索基础等理论知识，了解国内外主要信息系统和数据库。从实践能力方面，要提高大学生上机或上网进行信息检索、处理、交流的能力；培养大学生熟练利用计算机进行信息检索，包括二次检索和全文检索的能力；使大学生学会建立各种数据库，存储和处理信息，熟练使用局域网上的共享资源，熟练地使用各种信息服务功能，以通过上机和上网增强大学生的信息处理能力。

（二）大学生理解知识及应用知识的能力培养

1. 大学生理解知识的能力

大学生从课堂上、图书上及网络上获取的知识，都是前人科学实践经验的总结，并最终通过书本文字形式呈现出来。大学生要学习科学知识，就必须理解这些通过文字概括和表达的科学概念和原理。但是仅仅通过死记硬背定义和有关原理的文字叙述，不可能达到理解知识的目的，而必须通过联系有关感性材料与感性经验，进行比较、分析、概括等逻辑思维的活动才能实现。所以理解所学知识的过程就是理论联系实际，进行逻辑思维的过程。

2. 大学生应用知识的实践能力

学生是否真正学到了知识，不能只看他是否从字面上理解了知识，是否能说出某些概念的定义及相关数据，而要看他是否能应用知识解决实际问题。只有把知识转化为自己的实际能力，才是真正理解了知识，否则一切只是"纸上谈兵"。当代大学生要培养自己应用知识的实践能力，就必须学会应用知识的技能并掌握知识技能迁移的规律。传统的教育重视理论学习、轻实践技能操作训练，这就使得大学生的动手操作能力不足。应用知识的实践能力是在实践中反复练习而形成的，大学生可以在实践中有意识地加强理论与实践的联系。当人们学习新知识或应用新知识时，总是会同已有的知识技能发生联系。旧的知识技能既可能对新知识技能产生促进，也可能产生妨碍，这就要求学生在应用知识解决问题时必须具体情况具体分析，随问题的性质与产生条件的变化而变化。

（三）大学生思维能力的培养

1. 思维态度的培养

一个人要在任何领域成为专家都需要大量的、有意识的认知工作，对此必须有充分的思想准备。研究也表明，许多情况下学习中错误的出现不是因为学生不能进行思维，而是因为他们没这么做或不愿意这么做，这也是优生和差生的一个主要区别。因此，培养学生正确进行思维的愿望和态度是十分重要的。教师可以从增强学习兴趣、思考问题时的灵活性入手。

2. 思维技能的培养

心理学家认为，人们是在现有知识的基础上理解信息并进行知识创新的。但问题的解决和创新能力发展的关键不是获得信息，而是如何处理大量的信息。思维技能在处理信息的过程中就起核心作用，它是思维能力的基础。要培养大学生的思维能力、思维技能的教学就成为关键。思维技能主要包括：语言推理技能、论题分析技能、假设检验技能、概率和统计技能、决策和问题解决的技能。教师可以利用不同的教学内容对以上几种技能进行培养。

3. 思维技能的迁移训练

仅使学生掌握一些思维技能或策略是不够的，还要让他们能在新情境下恰当地运用这些技能。如果所学的思维技能只能在教室运用或只能运用于与课堂情境类似的情境，那么思维技能也就失去了它应有的价值。掌握思维技能的目的应是解决生活中、研究中遇到的实际问题。从已有的一些研究来看，促进思维技能迁移的最好方法是有意识地在多种情境中运用所学到的思维技能。

（四）大学生学习方法的改善

"工欲善其事，必先利其器。"学生学习方法是否正确、科学和优秀直接关系到学习效率的高低。笛卡儿也曾说："最有价值的知识是关于方法的知识。"有些学生进入大学校门仍采用中学时期的学习方法，虽然花费了相当多的时间和精力，但事倍功半。调查显示，大学生的许多学习心理障碍的产生与方法的不当有直接的关系。所以，大学生除了要有刻苦钻研、坚韧不拔的精神，还要掌握科学的学习方法。

1. 大学生宏观学习方法的改善

古人云："凡事预则立，不预则废。"这就是说不管做什么，只要先有了宏观规划，就会取得成功，否则就会失败。当代大学生为了更好地完成学业、培养创新素质，需要适时不断地改善自己的学习方法，那么首先要做的就是要把自己的学习生活更好地规划一下。

（1）学生学习应合理制订计划

学习计划要宏观、微观俱到，长期、短期结合，并且根据自己的学习、生活情况来制订，切忌效仿他人。制订长期计划要统筹安排、目标合理。短期计划，主要是一周安排、一天计划或是临考前的复习计划等。只有长短期计划结合，才能达到最佳的学习效果。

①学习计划要定时定量。定时学习主要是指每天必须保证必要的学习时间，到了学习的时候就马上学习。学习需要细水长流，只有日积月累才能有聪明的头脑。定量学习是指在计划的指导下，当知识的量达到一定程度时，便达到了所计划的目标。知识积累的总量是由每日、每时的分量累加起来的，不可能一蹴而就。

②坚持把计划落到实处。在计划制订后，要循序渐进，一步步完成，每日一小步的累加在无形中也就完成了"远大目标"的一大步。

（2）科学地利用时间

有的大学生常常抱怨学习的时间不够，常牺牲自己的休息时间来学习，可是却不见成绩的提高，反而使自己身心俱疲。事实上每个人的时间都是一样的，关键是如何科学、合理地利用它。

①了解自己的生物钟。只有清楚地知道自己的最佳学习时间、最差学习时间和最有效的学习时段，才能集中精力，更有效率地学习。

②注意劳逸结合。学习效果是效率与时间的乘积。因此，单纯地延长学习时间并不是一个好办法。只有在学习时集中注意力学习，休息时使身心处于一种完全放松的状态，这样才能使繁重的学习得到调节与缓冲。

③合理利用琐碎的时间。合理利用预定外的闲暇时间来做些琐碎的事情，不仅能节约时间，还可以利用这些事情转移一下注意力，改变一下心境，从而提高学习效率。

2. 大学生自习与预习方法的改善

（1）大学生自习方法的改善

学生在大学期间，从宏观上来看，就是在完成学校规定的学习任务的同时，根据社会发展和自己的实际，确定自己的未来发展方向。从微观上来看，就是在学习的过程中体现自己的主动性。大学生改善自习方法之前首先要识别自己的风格，再根据老师介绍的方法和自己的特点进行自我选择，并在学习过程中不断地进行总结，进一步完善学习方法的可行性。只有通过这样的过程才能逐步形成符合自己特点的学习方法。

（2）大学生预习方法的改善

实践表明，大学生的预习情况并不乐观。从心理学角度看，预习可以为大学生上课创造有利的心理准备。预习是听好课的前提，能增强大学生学习的自信心，并有利于培养大学生的探索精神。预习能增强大学生的分析能力和综合能力，可以使大学生了解教材较完整的概貌，形成较完整的思路，能将有关内容串联起来，找出新旧知识点的联系，并提出疑问。预习包括课前预习、阶段预习和学期预习。大学生可以根据自己的特点进行预习。

3. 大学生听课方法的改善

（1）明确学习目的，调整好听课的状态

在课堂上经常出现的一种情况是，教师在课堂上"津津乐道"，而有的学生却在下面"呼呼睡觉"。这不仅与大学生的学习疲劳有关，而且与其态度有关。许多大学生抱着无所谓或是不得不听的态度来听课，学习效果自然不会好。而优秀大学生的共同之处就是——听课时精神饱满、全神贯注，而只有以这种积极的心态去听课才能收到良好的效果。

（2）激发思维活力，积极参与课堂讨论

大学生在听课过程中要主动参与到教学活动中，而不是过多地依赖教师的帮助。首先，大学生在听课的过程中不要钻"牛角尖"，如遇到没有听懂

109

的问题，可以先记下来，以免破坏听课的连贯性。其次，要厘清思路，积极思考。大学生上课时的思维要追随教师的言行，当有课堂讨论时要积极思考，大胆地回答问题，把回答问题看作一个锻炼自己独立思维及分析、解决与表达问题能力的绝好机会。

（3）正确处理听课与记笔记的关系

学生听教师讲课，关键是听，其次才是笔记。可是在传统的观念中，几乎所有的学习经验都把记笔记作为重点，一些教师也常以检查笔记来衡量学生的学习态度是否认真。但是记笔记是为了更好地学习，学习才是目标，记笔记只是达到这一目的的手段。如果把笔记当成目标，就会反客为主，而且这一方法也并不适用于所有的学生。

4. 课后复习方法的改善

（1）听课以后必须及时复习

通过研究发现，大学生能做到及时复习的并不多。复习不只是简单的重复，而是听课的深化与巩固。大学生可以采用一些新的方法进行复习。

（2）尝试回忆

课后复习时可先不看书和笔记，对在课堂上所听的内容进行几分钟的回忆，在回忆过程中列出重点。这是一种积极主动的学习方法，需要高度集中注意力，这种方法可以使知识在头脑中再现，从而达成巩固的目的。

（3）思考性的阅读

大学对记忆的要求不高，关键是理解与运用。复习阅读时要抓住中心内容，尤其是课上没有听懂的内容反复阅读。只有理解透彻，才能掌握牢固。大学生在阅读时可以从多个角度思考同一内容。

（4）整理笔记

课堂听讲的时间是有限的，难免会漏记一些内容。课后整理笔记，把笔记整理成适合自己特点的复习资料，其实质也就是把知识深化与系统化。

（5）查阅参考书

一般来说，具有某种专长的人，仅能对一两门知识进行深入的研究。不"博"就谈不上深。大学生阅读参考书，可以开阔视野，优化思路，博采众家之长为己所用。

二、大学生潜能开发的路径

任何人都有成功的潜质，并且成功的种子就埋藏在自己的体内，等待着被唤醒。古今中外许多成功人士的成功奥秘不是因为他们具有超凡的本领，而是因为他们能够探求并开发自己的潜能。人的潜意识深处有着无限的智慧、力量。因此，大学生应努力开发潜能，不断提高自己的学习能力。

1. 潜能的变化性要求把握学习的关键期

大学生有效的学习、潜能的实现都需要抓住机遇，充分利用资源，在学习的关键期内尽可能地掌握更多的知识。学生自身在确定关键期时起着核心作用，教师也有着举足轻重的地位。教师要正确认识不同学生的"最近发展区"，准确定位学生的学习关键期，从而适时地帮助学生构建合理有效的知识框架，指明学生的学习方向，增强学生学习的有效性，提高学生的学习效率。

2. 潜能的能动性要求增加学生学习的自主性

潜能的能动性概念强调，行动者自己的主动性是保证某一结果实现的关键。因此，培养大学生的自我监控能力，增加学习的自主性成了大学教育的关键。首先，要培养大学生的独立性。独立学习是大学教育的核心。因此，大学教师必须尊重学生的独立性，积极鼓励学生独立学习，并创造各种机会发挥学生的独立性，培养学生的独立学习能力。其次，要增强大学生的自控能力。潜能的能动性要求学生规划各阶段能否学习、学习什么、怎么学习等问题，它突出表现为学生对学习的自我计划、自我调整、自我指导、自我强化，即在进行学习活动之前学生要确立明确的学习目标，选择正确的学习方法，安排合理的学习步骤，树立应达到的学习目标。最后，注重学习的内化。大学教师在传授知识的同时，还要注重理论联系实际，让大学生在实践中反复练习所接收的信息。

3. 潜能的社会性要求大学生正确认识自我

潜能具有社会性，即学生潜能的发挥会受到各种因素的制约，因此正确认识自我、充分利用外部条件是促进学习的重要途径。在这个世界上，认识自己才是最难的事情，这是因为自我是多层次的，受到各种外在条件的制约，并且在不同时期有不同的表现。所以，客观、正确地认识自我，对学习是很有帮助的。要正确地认识自我，就要恰当地利用各种社会关系，经常和朋友或他人交流，了解别人对自己的看法，了解别人对自己所作所为的评价，从而认识客观的自我。在学习中，如不能正确认识自我，明确自己的学习目标，就容易陷入迷惑之中。此外，通过与别人的比较，认清自己的优缺点，有利于明确自己的定位，保持现有的优势，弥补自己的不足和缺陷，从而提升自我。

人的潜能会随着人自身的发展及外部条件的变化而变化。大学阶段是大学生完善知识结构、学习专业特长、完善自我的重要阶段，因此大学生应抓住机遇开发潜能，不断提高学习能力。

第五章 大学生人际交往

第一节 人际交往概述

一、人际交往的概念

人际交往是人与其他社会成员之间沟通信息、交流思想、表达情感、协调行为的互动过程。人们通过人与人之间的互动，心理上能产生稳定、持久的变化，并建立一定的人际关系。

1. 人际交往与人际沟通

人际沟通是个体通过一定的语言、文字或肢体动作、表情等表达手段将某种信息传递给其他个体的过程。这是一个信息传递过程，它是人际交往的一部分。比如，晚上熄灯后，一个宿舍的同学进行的"卧谈会"就是人际沟通。通过同学间的沟通交流，大家更加了解，相互信任、相互帮助，甚至毕业后还保持长期联系，这就是完整的人际交往。

2. 人际交往与人际关系

社会学将人际关系定义为：人们在生产或生活活动过程中所建立的一种社会关系。心理学将人际关系定义为：人与人在沟通与交往中建立起来的直接心理联系。人际关系是人与人交往关系的总称，在高校中一般包括同学关系、师生关系，也可扩展到亲属关系、朋友关系等。

人际交往的目的在于人际关系的建立和维护。人际交往既能影响人的心理功能，又能影响人的社会功能。人际关系能通过交往表现，又能通过交往实现。人际关系的发展和变化是人际交往的结果，人际关系一般是一种状态，人际交往则是一个过程。

二、人际交往的意义与功能

良好的人际交往具有许多重要的功能，对人的情绪、生活、工作都有重要影响，甚至会进一步影响群体的工作效率和组织关系。斯坦福大学研究中心的研究显示：一个人赚的钱，12.5％是靠自身知识，87.5％来自人际交往。

（一）人际交往的意义

1. 人际交往是人获得安全感的需要

社会心理学家的大量研究发现，与人交往是获得安全感的最有效途径。当人面临危险情境、感到恐惧时，与他人在一起，可以直接而有效地减少恐惧感，使人感到安宁与舒适。有人研究过战场上与部队失散士兵的心理，结果发现最令散兵恐惧的不是战场上的炮火硝烟，而是失去与战友联系的孤独。一旦一个散兵遇到自己的战友，哪怕完全失去战斗力，也会感到莫大的安慰，恐惧感会大大减轻，甚至消失。

2. 人际交往是人确立自我价值感的需要

一个人从出生那天起就开始用一定的价值观进行自我评判。当自我价值得到确立时，人在主观上就会产生一种自信、自尊和自我稳定的感受，这就是自我价值感。人的自我价值感一旦确立，生活就会变得富有意义、充满激情。相反，如果自我价值感得不到确立，人就会自卑、自贬、自我厌恶，甚至自暴自弃。如果自我价值感完全丧失，就会觉得人生变得不再有意义，人就会走上自毁、自绝的道路。

一个人只有将自身置于社会背景中，将自己与他人进行比较才能确立自己的价值。所以人需要了解他人，也需要通过他人来了解自己。一个人必须不断地通过社会比较获得信息，使自己相信自己是有价值的，才能保持其稳定的自我价值评判。如果社会比较的机会被长期剥夺，就会使人因缺乏社会反馈信息而出现个人价值感危机，从而产生高度的自我价值不稳定感。人不能忍受自己的价值得不到肯定。自我价值不稳定感会引起高度焦虑，并促使一个人同他人进行交流，进行有意无意的社会比较，以便获得有关自我状况的社会反馈，使自己的行为具有明确的方向，并使自我价值感重新得到确立。

3. 人际交往是人发展的需要

人际交往是个人社会化的起点和必经之路。社会化即个人学习社会知识、生存技能，获得社会生活资格，发展自己的过程。如果没有与其他个体的合作，个人是无法完成这个过程的。人只要活着，不管你愿意或自觉与否，都必须与他人进行交往。人一生的成长、发展、成功，无不同与他人的交往相联系。可以说，从人际关系中得到的信息、机遇和扶助，有助于人走上成功之路。现代科学技术的发展使我们越来越依靠群体的力量，人与人之间的情感沟通和智力交往使某些工作出现了质的飞跃，这种"群体效应"已越来越成为各项工作的推动力。这种效应主要是在人际互动和交往中实现的。

4. 人际交往是人生幸福的需要

对于人生的幸福来说，金钱、成功、名誉和地位远不如健康的人际交往和良好的人际关系。人际交往和人际关系在人们生活中的地位无法被金钱、成功、名誉取代。心理学家通过研究发现了一个奇特的现象：20世纪30年代以来，人们拥有金钱的数量一直呈上升趋势，但是对生活感到幸福的人的比例却没有增加，而是稳定在原来的水平。这说明，金钱并不能简单地决定人的幸福。

西方心理学家克林格通过一项调查发现，良好的人际关系对生活的幸福而言具有首要意义。当人们被问到"什么使你的生活富有意义"的时候，几乎所有的人都回答：亲密的人际关系是首要的。自己的生活是否幸福，取决于自己同生活中其他人的关系是否良好。如果同配偶、恋人、孩子、父母、朋友及同事关系良好，有深入的情感联系，就会感到生活幸福且富有意义；反之，则会感到生活缺乏目标、没有动力。在被调查者的回答中，人际关系的重要性远远超过成功、名誉和地位，甚至超过西方人最为尊重的宗教信仰。我国的一项调查表明，压抑、人际关系和谐度、人际关系压力是导致自杀的三大因素。

对于幸福感的研究也表明，结婚的人或有朋友的人会生活得更幸福一些。人际交往是人类社会中不可缺少的组成部分，人的许多需要都是在人际交往中得到满足的。如果人际关系不顺利，就意味着心理需要被剥夺，或满足需要的愿望受挫折，从而会产生孤立无援或被社会抛弃的感觉。反之，因为有良好的人际关系，心理上会得到满足。

（二）人际交往的功能

1. 个体发展的重要途径

人际交往有助于结识更多的朋友、建立和谐的人际关系。人际交往圈的扩大为寻找志同道合的朋友提供了更多的机会，也创造了更多的有利条件。

2. 个体获得知识、能力和经验的主要途径

现代社会是信息社会，信息量之大、信息价值之高是前所未有的。人们对拥有各种信息和利用信息的要求，随着信息量的扩大在不断增长。人际交往可以传递、交流信息和成果，以及丰富经验、增长见识、开阔视野、活跃思维、启迪思想。

3. 个体促进自我认知的有效方式

良好的人际交往有利于在更大范围内表现自我。我们希望他人了解自己，理解、信任自己。但要使这一愿望成为现实，就必须与人交往。在与他人交往的过程中，人的才能、特长、学识及人品，才能得到赏识，从而获得更多的发展机会。人际交往既为表现自我提供了可能，又为发挥才能提供了可能。

4. 个体促进心理健康的有效方式

人际交往的目的不仅仅是获取信息，而是实现心灵上的沟通、情感上的交流。在交流过程中，双方对某一问题或观点有相同的认知，就会产生情感上的共鸣，越说越投机，彼此成为力量汲取和情感宣泄的对象。当心中充满忧郁、感到孤独时，向他人诉说，会使失衡的心理恢复平衡，满足归属、合群的需要；忧愁、恐惧、困惑能通过与朋友、同学交流而得到解除，同时减轻心理压力，而心理压力的消除又有助于身体健康。实践证明，友好、和谐、协调的人际交往，有利于大学生对不良情绪和情感的控制和发泄。

三、人际交往理论

（一）交互作用理论

当一个人对另一个人做出回应时，人与人之间就存在一种社会交互作用。对这种社会交互作用进行的研究称为交互作用分析。交互作用分析理论认为，个体的个性由三种不同比重的心理状态构成，即"父母""成人""儿童"。取这三者的第一个英文字母P、A、C，可将该理论简称为人格结构的PAC理论。交互作用分析理论将个人的"自我"分为"父母""成人""儿童"三种状态。这三种状态在每个人身上都交互存在。也就是说，这三种状态是构成人类多重天性的三部分。

1. "父母"状态

"父母"状态以权威和优越感为标志，通常表现为统治、训斥、责骂等家长制作风。当一个人的人格结构中P成分占优势时，其行为表现为：凭主观印象办事、独断独行、滥用权威。这种人讲起话来总是"你应该……""你不能……""你必须……"。

2. "成人"状态

"成人"状态表现为注重事实根据，善于进行客观、理智的分析。这种人能从过去存储的经验中估计各种可能性，然后做出决策。当一个人的人格结构中A成分占优势时，其行为表现为：待人接物冷静、慎思明断、尊重他人。这种人讲起话来总是"我个人的想法是……"。

3. "儿童"状态

"儿童"状态像婴幼儿的冲动，表现为服从和任人摆布。一会儿逗人可爱，一会儿乱发脾气。当一个人的人格结构中C成分占优势时，其行为表现为：遇事畏缩、感情用事、喜怒无常、不加考虑。这种人讲起话来总是"我猜想……""我不知道……"。

根据交互作用分析理论，人与人相互作用时的心理状态有时是平行的，如父母-父母、成人-成人、儿童-儿童的状态。在这种情况下，对话会无限制地继续下去。如果遇到相互交叉，出现父母-成人、父母-儿童、成人-

儿童的状态，人际交流就会受到影响，信息沟通就会出现中断。最理想的相互作用是成人 - 成人状态。

在生活中，应力求避免交叉型交流沟通，以保证信息沟通渠道的畅通。出现交叉型交流沟通时，应尽量过渡到呼应型交流沟通状态。相互作用理论认为，理想的相互作用是"成人刺激"和"成人反应"。因此，在生活中应尽量以成人状态控制自己和对待他人，同时引导对方进入成人状态。

（二）三维理论

美国社会心理学家舒茨提出了人际交往的三维理论。他认为，每一个个体在人际互动过程中都有三种基本的需要，即包容需要、支配需要和情感需要。这三种基本的人际需要决定了个体在人际交往中所采用的行为，以及如何描述、解释和预测他人的行为。三种基本需要的形成与个体的早期成长经验密切相关。

1. 包容需要

包容需要指个体想要与人接触、交往，隶属于某个群体，与他人建立并维持一种满意的相互关系的需要。

个体在成长过程中，如果早期社会交往过少，父母与孩子间缺乏正常交往，儿童与同龄伙伴缺乏适量交往，儿童的包容需要就无法得到满足，会与他人形成否定的相互关系，从而产生焦虑，形成低社会行为。在行为表现上，倾向于内部言语，倾向于摆脱相互作用而与人保持距离，拒绝参加群体活动。如果早期社会交往过多，包容需要得到过分满足，则又会形成超社会行为。在人际交往中，会过分寻求与人接触、寻求他人注意，过分热衷参加群体活动。如果早期能够与父母或他人进行有效、适当的交往，就不会产生焦虑，会形成适当的、理想的社会行为。在人际交往中，就能根据具体情境决定其行为，决定是否参加或参与群体活动。

2. 支配需要

支配需要是指个体控制他人或被他人控制的需要，是个体在权力关系上与他人建立或维持满意人际关系的需要。

个体在成长过程中，如果早期生活在民主的氛围或环境中，就会形成既乐于顺从又可支配他人的民主型行为倾向，能够顺利解决人际关系中与控制有关的问题，能够根据实际情况确定自己的地位和权力范围。如果早期生活在高度控制或控制不充分的环境中，就会形成专制型或服从型的行为方式。专制型行为方式表现为控制他人的倾向明显，绝对反对他人控制自己，喜欢拥有最高统治地位，喜欢为他人做决定。服从型行为方式表现为过分顺从、依赖他人，完全拒绝支配他人，不愿意对任何事情或人负责任，与他人交往时甘当配角。

3. 情感需要

情感需要是指个体爱他人或被他人爱的需要，是个体在人际交往中建立并维持与他人亲密情感联系的需要。

个体在成长过程中，如果早期没有获得爱的满足，就会形成低个人行为，表面上对人友好，但在情感世界深处却与他人保持距离，总是避免亲密的人际关系。如果早期被溺爱，就会形成超个人行为，表现为强烈地寻求爱，并总是在任何方面都试图与他人建立和保持情感联系，过分希望与他人有亲密关系。如果在早期生活中获得了适当的关心和爱，便会形成理想的个人行为，总能适当地对待自己和他人，适量地表达自己的情感和接受他人情感，不会产生爱的缺失感。自信的人会讨人喜爱，他们既能根据具体情况与他人保持一定距离，也能与他人建立亲密关系。

（三）社会交换理论

社会交换理论是指对社会交往中的报酬和代价进行分析。该理论提出，能提供最多报酬的人是对于人们而言吸引力最大的人。人们总是尽量通过社会交往，为自己获得最大的报酬。为了得到报酬，交往双方都需要付出，因为人类社会的原则是互相帮助，他人给了你好处你要回报。社会交往过程因此可以说是一个交换过程。

人们对友谊关系进行评价时，常常会与其经历过的其他关系进行比较，常见的比较标准有以下两种。

1. 基本比较

基本比较指的是一个人对某种关系的基本要求，即一个人认为在某种交往关系中自己应该得到什么。对不同的交往关系人们有不同的要求，如对恋爱关系的要求与对普通同学关系的要求不同。

对各种交往关系的要求是每个人对各种人际关系的个人观点的反映。这种观点可能来自个体已有的经历，也可能来自他人的经历（如小说、电影主人公的经历）。随着新经验的增加，人们对各种人际关系的要求会发生改变。

2. 与另一种选择的比较

与另一种选择的比较指的是与另一种可能的关系进行比较。例如，你与好朋友的关系，是不是比你与班级内其他同学的关系更能给予你幸福和愉快的感觉。即使与现在的好朋友关系很好，但是如果你认为与另外一名同学在一起可能会给你带来更多的好处，你可能就会结交新的朋友。相反，如果你认为与好朋友的交往目前并没有给你带来很多好处，但与其他同学交往的情形可能会更糟，你就仍会留在目前的关系里。

在社会交往中，一方的活动总是影响着另一方的活动。当交往能给双方带来共同利益时，交往会顺利而愉快。若交往只给一方带来利益，就会产生矛盾。比如乘坐火车时，可能会出现与邻座聊天的情况。如果恰巧邻座也想找人说话，这个结果就会使双方感到愉快。反之，则会引起不快。

由此可见，社会交往是否能给交往双方都带来利益，取决于双方是否有同样的兴趣和目标。当交往的双方对活动有共同的兴趣时，交往顺利；反之，就容易产生矛盾。总的来说，交往双方的生活背景、态度和爱好等相近，交往过程中的矛盾就较少，因为共同的活动能满足共同的爱好。但是，即使兴趣相同的朋友之间有时也会产生矛盾。当矛盾产生时，双方需进行协商，以找到一个使双方都满意的决定。常见的协商结果是选择一个不同的但可以使双方都比较满意的决定。如何交往使双方都取得利益是保持关系的重要方面。

第二节　大学生人际交往的原则与艺术

一、人际交往的基本原则

（一）尊重原则

要得到他人的尊重，首先应尊重他人。尊重他人是做人最起码的道德，也是友情存在的条件，以及搞好朋友关系的基础。朋友间相互尊重的含义是多方面、多层次的。

1. 对朋友应平等相待

朋友之间不可因家庭、经历、工作、容貌、能力等方面的不同而分等次对待；不可对有权有势的朋友巴结逢迎，对身处逆境的朋友落井下石；更不能把朋友当成自己的"工具"，对己有利则百般笼络，对己无利则视为路人。

2. 尊重朋友的尊严和人格

有损于朋友人格、尊严的事不做，有损于朋友人格、尊严的话不说，不传播有损于朋友名誉的流言蜚语，更不能拿朋友的生理缺陷开玩笑。

3. 尊重朋友的正当权利和意见

不强行为朋友做主，不干涉朋友的私事，不打听朋友的隐私，一旦得知朋友的隐私应守口如瓶。尊重朋友的爱好与兴趣，不轻易否定朋友的意见，不把自己的观点和想法强加给朋友。

4. 尊重朋友的劳动

每个人的劳动都希望得到他人的认可。在交朋友的同时也要尊重、接受朋友的劳动。尊重朋友还表现在与朋友交谈时的言辞和语调上，不能自视高大，让人有居高临下之感。

（二）诚实守信原则

交往离不开信用。信用是指一个人诚实、不欺骗、信守诺言。朋友之间言必信、行必果。在人际交往中，与守信用的人交往有一种安全感，与言而无信的人交往会让人内心充满焦虑和怀疑。

1. 为人诚实

诚实是做人的基本品质，是人们相互信赖和友好交往的基石。每个人都喜欢与诚实正派的人打交道、交朋友。因而在人际交往中，尤其是在与朋友相处时，要以诚相持、说实话、办实事、做老实人。不可对人虚情假意，也不可对朋友口是心非。与朋友交往切忌要小心眼、要小聪明。有些人往往因为这一点，被朋友识破而失去朋友的信赖。

2. 言必信

在与朋友的交往中，要取得朋友的信赖就应该言行一致、信守诺言。对任何一个朋友，在任何情况下都必须做到言必信。对朋友的要求，能做到的就答应，做不到的则说话应有分寸，不可信口开河、许空头诺言。凡是答应的事，不管多困难，不管历经多少艰辛，都要想方设法地完成。若情况变化，实在无法完成则应根据实际情况，向朋友做出必要的解释、说明，求得朋友的谅解。守信还表现在严格遵守与朋友的约定，绝不失约。经常失约不仅会耽误他人时间，打乱他人安排，而且也损害了自己的形象，失去了自己的信誉。

3. 行必果

行必果就是为人做事要善始善终，一方面能体现自己的毅力，另一方面可表明对朋友的忠实。久而久之，自然会在朋友中树立起良好的信誉，加深与朋友的感情。

（三）心理相容原则

心理相容主要是指人与人之间要建立一种互相体谅、团结和谐、彼此悦纳的关系，与人相处时要宽容、忍让。在人际交往中，人们经常会因观点不同而产生冲突，有的是因为性格脾气不同，有的则是生活习惯不同，双方如果能以容忍的态度对待，就可以避免很多冲突。生活在大千世界中的人，在性格、爱好等方面存在很大差异，我们不能要求他人与自己的想法完全相同，不能以自己的标准和经验衡量朋友的所作所为，要承认人与人的不同，并能容忍这种不同。

心理学里有一条人际交往的"反黄金法则"：要求别人像我对待他一样对待我。遵从这一法则的对他人如何对待自己提出了要求，但是他人的行为不是由我们的意志决定的，因此这种想法会增加很多烦恼。

只要心胸宽广、容纳他人，发火的一方也会自觉无趣。宽容克制并不是软弱、怯懦的表现。相反，是有度量的表现，是建立良好人际关系的润滑剂，能"化干戈为玉帛"，赢得更多的朋友。

（四）友善热情原则

心理学研究表明，人们在交往中，总希望得到交往对象的同情与帮助。如果这种帮助得不到满足，相互间的交往就缺乏吸引力。因此，在与朋友的交往中要注意乐于助人。当朋友需要帮助时，要毫不犹豫地伸出友谊之手，及时予以帮助；当朋友在生活中遇到挫折时，应予以热情支持；当朋友在经济上遇到困难时，应量力予以帮助。

二、人际交往的艺术

（一）倾听并恰当地给予反馈

倾听是一种友好的表现，暂时将个人的成见与欲望放在一边，尽可能地体会说话者的内心世界与感受，双方更能相互了解并从中得到新的知识。

与人交谈时要积极倾听，不时地给予适当反馈。倾听表示尊重、理解和接纳，是连接心灵的桥梁。倾听还体现为不随意打断他人讲话，可以在他人漫无目的地讲话时，礼貌地转换话题或结束话题。在表达自己的不同看法时，先要认可对方的想法，然后再礼貌地提出自己的看法，以避免冲突或伤害双方关系。

1. 倾听的言语技巧

避免长时间沉默不语；经常变换回答的方式，不要总是回答"嗯、嗯、嗯""对、对、对"等；适当地插入提问，或要求对方进一步补充说明，以表示对对方所说的内容有兴趣；指出共同的经历和感受；用自己的话简要复述对方所说的内容，表示对对方所说内容的理解；等等。

2. 倾听的非言语技巧

身体面向对方，并适当前倾，使对方感觉你在洗耳恭听；保持目光接触，表示对对方所说的内容感兴趣；停下手中正在做的事；面部表情随对方所说的内容发生变化；利用积极的面部表情和头部运动，如微笑、点头、扬眉等；避免双手交叉在胸前，保持开放的姿势，表示对对方话题的接纳；等等。

人际沟通的关键在于让朋友感觉到，你是在认真地听他讲话，而且理解了他的意思，理解了他的心情。很多人都有好为人师的倾向，误以为朋友向自己倾诉就是需要自己帮他出主意。因此，在沟通中急于用自己的感受代替他人的感受，急于表达自己的意见或提出劝告。事实上，只有倾诉者才最清楚自己需要的是什么，才能对自己的行为做出选择。倾诉者所寻求的不过是关心、理解和心理支持，因此将对方所说的意思简要地反馈给对方，就是最简单但又十分有效的人际沟通技巧。

（二）学会真诚地赞美他人

要建立并维持良好的人际关系，还必须懂得开口赞美他人。因为每个人内心深处最持久、最深层的渴望便是对赞美的渴望。赞美他人是在日常交际过程中的秘密武器。看到他人身上的优点或者美丽的外在变化时，大胆地给予赞美或认可，会给对方带来欢乐。这种欢乐和谐的氛围会影响到环境中的其他人，使人与人之间的关系变得轻松、融洽。每个人都希望得到他人的赞美和赏识。赞美不仅能让人身心愉悦、精力充沛，还能激发自豪感，增强自信心，有助于他人了解自己的优点和长处，认识自身的存在价值。

1. 赞美要有感而发

赞美要有的放矢，要真诚和有感而发。赞美不等同于恭维，不是拍马屁，也不是阿谀奉承。赞美时切忌夸大其词、不着边际和虚伪做作，否则就会失去其作用。不能人前一套，人后一套；当面说人好话，背后说人坏话；或传递其他人相互指责、诋毁的话。这样势必引发他人之间的矛盾。

2. 赞美需要勇气和自信

要坦然地欣赏他人的优点和成绩，需要相当的自信和勇气。在日常生活中，经常会遇到他人比自己强的情形，而赞美之词却怎么也说不出口。这主要是因为缺乏自信心，觉得自己不如对方，于是心理失衡，没有勇气为对方喝彩。要么觉得"不好意思"；要么认为自己与之相比，差异明显，不用多此一举；要么觉得自己人微言轻，赞美了也不会引起重视，还害怕会引起非议，被人误解为溜须拍马。结果不仅失去了坦然欣赏他人优点与长处的机会，也失掉了抛弃自卑与胆怯心理的机会。

众所周知，乔丹是著名的篮球运动员，但他却对人说，队友皮蓬在投三分球方面比他更有天赋，还说皮蓬在扣篮方面也比自己更胜一筹。虽然皮蓬是最有希望超越乔丹的新秀，但乔丹却处处对其加以赞扬。一方面反映了乔丹自我挑战的勇气，另一方面也是乔丹自信心强的体现。因此，在生活中，如果棋逢对手，不妨采取"吴越同舟"的策略，与对手友好相处，对其优点、成绩毫不吝啬地表示赞赏。

（三）学会宽容和谅解

人非圣贤，孰能无过。看看我们自己，优点与缺点并存，那么他人又何尝不是如此呢？与人交往时，不要总是看到别人的短处，应该想想他的长处。世界上不存在一无是处的人，就像不存在完美无缺的人一样。对于他人的错误不要揪着不放。不宽容对方、以牙还牙或者坚决对立，隔阂会越来越深，人际关系只会越来越紧张，对人对己都没有益处。苛求他人就是苛求自己，宽容他人就是宽容自己。

在人际交往中，人们往往会站在自己的角度思考问题，首先维护自身利益，但同时又会非常讨厌那些为了自身利益而不惜牺牲他人利益的人。因此，在争取自身利益的同时，也要不断兼顾他人的利益，这样才能在人际交往中受人欢迎。

切记不要做损人利己甚至损人不利己的事。己所不欲，勿施于人。要学会换位思考，经常想想如果自己处在这个位置上会怎样，这样就能理解他人的反应，就不会出现强求他人做到连自己也做不到的事情。

（四）有一颗助人和感恩的心

要想尽办法去帮助任何人，记住是任何人。不要只看到眼前的利益，要对每个人都好，开发大家潜在的合力。尤其重要的是，每个人都会遇到困难，都希望获得他人的帮助。当他人遇到困难、挫折需要帮助的时候，要伸出援助之手，给他人以关心、帮助和支持。一个不愿意帮助他人的人，也很难得到他人的帮助。要有一颗感恩的心。感恩是一种美德，要感谢在你生命中曾经帮助过你的人。

（五）有效的表达与沟通

一方面要求我们要锻炼准确表达的能力；另一方面要求在与人沟通前要做足准备工作，明确所要表达的内容、要达到的目的是什么，需要对方给予什么支持。另外，在交流时要时刻保持微笑，没有任何人能够挡住笑容的魅力。同时，目光要注视对方。

第三节　大学生人际交往问题与调适

发展良好的人际关系，改善不良的人际关系，是心理健康调适的内容。如果长期处在人际关系不良的情境中，就会出现焦虑、抑郁、神经衰弱、强迫等不良情绪或行为，甚至会出现思维混乱、癔症等分离性的表现。心理越健康，人际交往就越积极，体现出来的人际关系就越好，人际交往能力就越强。在日常生活中，人际交往关系和人际交往能力较差的学生，心理健康水平也相应较差。而心理健康水平较差的学生，往往人际交往能力也有缺陷。

一、人际交往与心理健康

（一）人际交往

1. 人际交往的分类

（1）根据人际交往的纽带关系分类

根据人际交往关系的纽带分类，可以将人际交往分为血缘关系交往、地缘关系交往、业缘关系交往和趣缘关系交往。血缘关系交往的关系双方或多方具有一定的血缘关系，如父子、母女、祖孙等。地缘关系交往的关系双方或多方在地域上有一定的关系，如邻里、同乡、同胞等。业缘关系交往的关系双方或多方具有一定的行业联系，如上下级、同事、同行等。趣缘关系交往的关系双方或多方具有相同或相似的兴趣爱好，如球友、鸽友等。

（2）根据人际交往的过程关系分类

根据人际交往的过程关系分类，可以将人际交往分为合作型交往、主从型交往、竞争型交往。合作型交往的交往各方以互相合作的关系完成人际交往。主从型交往是一个或少数几个作为核心成员，其他作为次要或辅助成员进行的交往。竞争型交往是各方以竞争关系完成的人际交往。

（3）根据个体在人际交往中的倾向分类

根据个体在人际交往中的倾向分类，可以将人际交往分为主动型交往和支配型交往。

（4）根据人际交往关系的开放程度分类

根据人际交往关系的开放程度分类，可以将人际交往分为规范型交往、开放型交往和综合型交往。

2. 人际交往的影响因素

影响人际交往的因素有很多，归纳起来有外貌、距离、交往频率、相似性、互补性、文化背景和个性几个方面。

（1）外貌

包括身高、体形等的外貌因素是影响人际交往的重要因素。一般来说，漂亮、帅气的外貌，挺拔的身高和健美的体形都会提高人际交往的效果。

但应注意，外貌因素并非人际交往的决定性因素。

（2）距离

人际交往时的客观地域距离也会影响人际交往的情况。客观地域距离也有"度"的问题。一般来说，距离越近，人际交往水平越高。但交往效果有好有坏，其中好的效果比坏的要多。人际交往距离过近，也会导致人际交往不良。随着网络化水平的提高，客观地域距离在某种程度上被网络拉近，因此距离因素目前也不能完全依靠客观距离进行判断。

（3）交往频率

人际交往的频率对人际交往有着重要影响，人际交往过多或过少都会对人际交往的效果产生不良影响。良好的交往要在人际互动过程中探索并互相适应，摸索出恰当、合理的交往频率。

（4）相似性

在人与人交往时，性格等方面的相似性可以提高人际交往的效率。特别是外貌、性格、认知风格、气质类型等方面，通常越相似越有助于人际交往，正所谓"物以类聚，人以群分"。但应注意，过高的相似性也会给人际交往带来一定的不良影响。

（5）互补性

有时互补性也能提高人际交往的效果。在良好的人际关系中，外貌、性格等方面的不相似可以起到互补作用。

（6）文化背景

具有相似文化背景和水平的人，在交往中会有更多的共同话题。相似的认知水平和思维方式，能使交流更加高效、有序，使人际交往达到更好的效果。虽然有时也会有分歧，但不会影响交往的本质。在现实生活中会出现跨文化背景和跨文化水平的交往，但并非主流现象。

（7）个性

个性是影响人际交往的重要因素。无论气质类型还是认知风格，都会极大地影响人际交往。塑造良好的个性品质，对提高人际交往效果、实现人际交往功能而言具有重要意义。

（二）大学生人际交往

大学生处于人生发展的重要阶段，其人际交往中最重要的关系主要有三种：师生关系、同学关系、亲属关系。

1. 师生关系

大学中的师生关系应该建立在平等、民主的基础上，应该是学生尊师、教师爱生的关系，是和谐、有爱的关系。但在现实生活中，教师因忙于工作、考评、学科建设等，又因与学生有年龄、爱好等差距，师生间常常难以进行主动交往。另外，教师的工作时间和校区位置等也会影响师生的人际交往。

建立良好的师生关系，要注重教师和学生两方面的行为，不能仅依靠教师或学生单方面去改变师生关系，而要靠双方的努力。教师要注意与学生平等交流，用发展的眼光看待学生，保证有固定时间与学生进行交流。教师也要学会倾听，适当学习一些心理学知识，掌握与学生交流的技巧。

2. 同学关系

同学关系是大学中最重要的人际交往关系，其中宿舍关系是核心。因此，宿舍人际交往是大学生人际交往中的核心内容。

宿舍人际关系既敏感又脆弱，既重要又难以回避。和谐的宿舍人际关系，能够让大学生在上学期间享受人际交往的效果；不良的宿舍人际关系则会严重影响大学生的学习和生活，甚至影响大学生的个人情绪和心理，进而导致心理障碍。

大学生来自天南海北，生活习惯、文化习惯、思维习惯都会有所不同。每个人都有自己的个性和处事风格，每天的朝夕相处，必然会有各种矛盾产生。要保证良好的人际交往，每个学生都需付出努力，要主动放弃自己的小利益，努力塑造良好的宿舍人际关系。

3. 亲属关系

尽管在校期间大学生的主要任务是学习，但亲属关系必然会影响其人际交往能力和交往风格。在重要的交往事件中，亲属关系也会对人际关系产生一定的影响。亲属关系还会影响大学生的生活习惯和思维习惯。大学生处于第二次心理"断乳期"，摆脱父母依赖、形成自我认同是这个时期主要的心理发展方向。

需要注意的是，大学校园里情侣越来越多。国家政策允许适龄学生在读大学时结婚，这也使谈恋爱甚至结婚的人数在不断增长。这种关系也是大学中常见的人际交往。

（三）人际交往中的心理问题

心理因素是影响人际交往的重要因素，即使是心理相对健康的人，在与他人交往时，也会因思维习惯和认知等出现问题。如果交往各方均存在心理问题，人际交往就会出现更大的问题。

人际交往中涉及的心理问题，尚未达到心理障碍甚至心理疾病的程度，只是心理不健康的表现，不一定影响个体的社会功能和人际关系，绝不能因见到某个症状就武断地将其认定为心理问题。

1. 抑郁倾向

抑郁与抑郁症不能画等号。抑郁本身具有一定的保护功能，在面对较大的压力时，会让情绪、情感受到的伤害小一些。但过度和持久的抑郁就会影响人的情绪健康。抑郁情绪会导致情绪低落、主动兴趣丧失、活动性下降、易怒、食欲不振、睡眠质量下降、认知范围变窄（注意力下降、专注力不够）等。

与存在抑郁倾向的人交往，往往"毫无意思"。因为他们不愿意参与任何你提议的活动，也不想主动提出集体活动的意见。他们面部表情呆滞，总是皱着眉头，向四周散发着"不耐烦"的信号。这种人不愿受到他人的打扰，特别是在睡眠方面，一点点声音都会引起他极大的反应。抑郁倾向往往以焦虑的方式表现，交往中的不愉快也会他们以暴力的方式表达。

在日常生活中，抑郁情绪会经常出现，但通常两周内会逐渐改善。因此，不能因某人出现了抑郁情绪，导致人际交往效果不好，就判定此人患有抑郁症。

2．焦虑倾向

焦虑也是一种常见的负面情绪，与抑郁一样，这种负面情绪也有一定的保护功能。不同的是，过分焦虑会给人带来很大影响。过度焦虑给人带来的感觉就是莫名其妙的担心，这种对任何情境的担心被称为"漂浮的焦虑"。个体明知不必要，但仍忧心忡忡，"杞人忧天"。

过度焦虑的人总是"思前想后"、担心细节，需要反复核查、反复确认。只做已经做过或已确认过的活动，不敢太晚回宿舍，甚至连上课时突然下雨都会感到不知所措。

与过度焦虑的人交往，看似省心，因为他会过度考虑所有的可能性，并代替其他人做许多工作，但很难有开拓性或冒险性的活动产生。

3．强迫行为

严格地讲，强迫是焦虑的一种表现。因为压力的存在，人们往往用刻板的行为来缓解焦虑。真正意义上的强迫症除刻板行为外，还存在认知的抵抗。所谓的强迫，更多的指强迫现象。生活中的强迫现象很多，比如：戴在左耳朵的耳机，一定要是标"L"的；每次出门前一定要把手机充满电（或带一个充满电的充电宝）；等等。以刻板行为来缓解焦虑的强迫现象，会使人在交往中反复出现同类行为，让其他人感觉"反复、唠叨"。有强迫行为的人，仪式感特别强，对规则和程序不厌其烦，任何一点破坏行为对他们来说都是难以接受的。

与有强迫行为的人交往，一定注意不要笑话其刻板行为，否则就会使其对刻板行为负强化，反而加重刻板行为的出现。一旦在认知上产生对抗，就有可能形成真正的强迫症。

二、大学生常见的人际交往问题及其影响因素

（一）常见的人际交往问题

当代大学生在文化多元的影响下，具有更多的文化背景色彩。随着网络开放程度的加大，大学生自我个性张扬的程度不断加深，人际交往情况也与

多年前不一样。常见的人际交往问题主要表现在以自我为中心、消极自闭与自我麻醉和功利性。

1. 以自我为中心

大学生的家庭条件不同，生长环境也不同。一些家庭条件不错的大学生，在交往中往往表现出以自我为中心，他们不愿接纳他人、容忍他人，与同学交往常保持清晰的界限。他们自认为是所有交往关系的核心，对与其相反的提议或意愿难以接受并喜欢发号施令。在交往中，他们往往只考虑自己的利益，不会为了集体或他人的利益而放弃自己的利益。而一旦自己的利益受到威胁或受损，就会毫不犹豫地终止交往，甚至破坏人际关系。

2. 消极自闭与自我麻醉

有的大学生害怕人际交往，在交往中常常处于被动地位，不愿主动表现或主动活动。因此，交往能力越来越差。有的大学生消极自闭，很少与人交往，而是追求虚拟世界，沉迷于网络、手机、游戏、追剧、淘宝等不能自拔，甚至通宵达旦。

3. 功利性

功利性主要表现为交往以获得功利性后果为目的。功利性强的人交往的目的性、选择性很强，一旦交往没有达到目的，就不会再继续发展关系。在当今社会，这种功利性交往的情况有愈演愈烈之势，应当引起重视。

（二）人际交往中的心理问题

1. 交往自卑

交往自卑主要表现为在交往时存在严重的自卑心理，经常感到害羞、不安、内疚、忧郁、失望，不太喜欢说话，并且特别被动，总是坚守自己所谓的底线，毫无原则地退缩，渐渐地使自己远离群体。

2. 交往嫉妒

交往嫉妒主要表现为在交往中始终对他人的成绩心怀嫉妒，表面上恭维，背地里却是另外一套。这种交往关系最危险，常常因小小的导火索而使关系恶化。

3. 交往恐惧

交往恐惧主要表现为害怕正常的人际交往，害怕与人交流。有时不只表现为交往退缩，甚至还会脱离集体。也有的人表现为选择性交往，只与想交往的人建立关系。

（三）人际交往中常见的效应

1. 首因效应

首因效应即第一印象。人们常常以第一次与某人接触的印象去推论该人的全部特点，这是非常鲜明而牢固的首因效应，在极端情况下甚至对第一印象还会出现心理阻抗。首因效应提醒我们，为了使人际交往正常，在第一次交往时要尽量给对方留下好印象，特别是在仪表、语言、行为方面。

2. 近因效应

近因效应即最近印象。通常人际关系建立一段时间后，度过了开始的熟悉期，可能会因最近的某件事、某句话而使他人改变对你的印象。近因效应更多地会以负面效果在人际交往中出现。它提醒我们，在已经建立的良好的人际交往中，不要因某句错话、某件错事而形成错误的近因效应。

3. 晕轮效应

晕轮效应也叫光环效应，即以偏概全。人们常常用个体的某个特点概括此人的全面特点，如某人学习成绩好就认为这个人的外貌、体形、性格都好。明星效应就是典型的晕轮效应。在人际交往中，应该注意的就是不要用某人的个别特点代替全部特点，这样很容易使人际交往走向歧途。

4. 刻板印象

刻板印象即对某一群体存在固定看法。这种看法有可能带来积极的作用，如认为年轻人上进、老年人睿智等；但更多的是消极影响，即歧视，如认为农村来的学生土气、成绩不好、笨，这就是典型的歧视。刻板印象一旦形成，就很难改变。因此，在人际交往前，要改变错误的认知，避免歧视。

5. 投射效应

投射效应是在人际交往中，将自己的特点附加给他人，并用类似的特点去推测他人的言行。如果投射效应强大，就会错误地判断他人的想法，对人际交往的关系产生错误的理解，导致交往效果降低。

（四）人际交往能力的影响因素

1. 外部因素

（1）文化背景

文化背景的影响不仅包括文学、艺术、教育的影响，而且包括使用的语言、道德、法律、生活态度、所在地域的影响。文化背景的影响主要体现在对待人接物的理解或风俗习惯上，如网络上南北方人关于豆沙馅的粽子好吃还是肉馅的粽子好吃的争论。

（2）家庭背景

家庭教养方式、家庭组成结构、亲子关系都会对人际交往产生影响。家庭对人的影响极大，赖特克对专制型和民主型家庭的教养方式进行了比较研究，结果发现，在专制型家庭环境中长大的孩子通常不会体谅人，其人际交往能力较在民主型家庭环境中长大的孩子更低。

（3）社会背景

社会风气的内涵、网络信息的传递、多媒体技术的发展等都会对人际交往能力产生一定影响。例如，"宅"文化的普及，在一定程度上反映了一些青年人越来越依赖网络，导致其人际交往能力降低。

2. 内部因素

（1）认知风格

①场独立性 - 场依存性：场独立性指人在处理信息时，更多地依靠自己的内在线索。场依存性指人在处理信息时，更多地依靠自己的周边线索。一般而言，场依存性的人际交往能力优于场独立性。

②冲动型 - 沉思型：冲动型的人处理问题迅速，但准确性较差；沉思型的人处理问题准确性好，但比较慢。两者对人际交往能力的影响各有其优势。

（2）个性因素

①内倾型 - 外倾型：即常说的内向和外向。并非所有外倾型人的交往能

力都会强于内倾型。在一定限度内，内倾型和外倾型对建立良好人际关系都有好处，过度的外倾和内倾则会严重影响人际交往。

②气质类型：常见的气质类型可以分为胆汁质、黏液质、多血质、抑郁质。不存在哪种气质的人际交往能力强、哪种气质的人际交往能力不强的情况。不同的气质类型有不同的交往特点，需掌握不同的交往技巧。

三、人际交往问题的调适方法

（一）正确指导归因

内部 - 外部维度和可控 - 不可控维度都会影响内在的情绪反应，因此正确指导归因，避免归因的偏差是进行良好人际交往的重要因素。研究表明，人际交往能力差的学生往往会将人际交往失败归因为内部、稳定、不可控维度，这就导致对失败的消极适应。久而久之，便获得习得无助感，导致人际交往能力严重下降。如果把人际交往成功归因为外部、稳定（或不稳定）、不可控维度，也会使成功的经验无法固化。

正确的做法是将成功归因为内部、稳定、可控维度，以提高自信心，积累经验，早日形成良好的人际交往能力。

（二）认知调适方法

理情行为疗法是美国心理学家艾利斯创立的一种认知调适方法。其核心观点为情绪 ABC 理论。假设诱发性事件为 A，由 A 引发的认知为 B，情绪和行为的后果为 C。艾利斯认为，引发 C 的不是 A，而是由 A 引发的 B。

例如：某人因观点不同与他人发生争辩，结果对方辩论赢了，某人觉得丢了面子，由此郁闷不乐，觉得对方应该赞同他的观点才对。传统观点认为，后果郁闷不乐（C）是由事件辩论输（A）引起的，但艾利斯则认为是由事件辩论输（A）所引发的认知丢了面子（B）引起的郁闷不乐（C）。因此，认知才是引发行为的关键。日常生活中可以运用一个简单的"黄金法则"来反驳不良认知。"黄金法则"是指"像你希望别人如何对待你那样去对待别人"。还是上面那个例子，辩论输的人的不良认知是认为对方应该赞同他的观点，那么按照"黄金法则"，当他人提出观点时他也应该赞同他人的观点才对。显然他做不到，因此他的认知是错误的。

（三）行为调适方法

1. 放松疗法

放松疗法是一种行为方式训练，原理是：一个人改变"躯体"的反应，"情绪"也会随着改变。基于这一原理，放松疗法就是通过意识控制使肌肉放松，同时间接地松弛紧张情绪，从而达到心理轻松状态，以利于身心健康。个体可在掌握以下程序后自行练习，每日定时进行放松活动。

（1）练习者以舒适的姿势靠在沙发或躺椅上。

（2）闭目。

（3）将注意力集中到头部，咬紧牙关，使两边面颊感到很紧，然后再将牙关松开，咬牙的肌肉会产生松弛感，逐次——将头部各肌肉都放松下来。

（4）把注意力转移到颈部，尽量使脖子的肌肉紧张，感到酸、痛、紧，然后将脖子的肌肉全部放松，以感觉轻松为度。

（5）将注意力集中到两只手上，用力紧握，至手发麻、酸痛时止。然后两手逐渐松开，放到觉得舒服的位置，并保持松软状态。

（6）把注意力指向胸部，深吸气。憋一两分钟后，缓缓吐气，然后再吸气。反复几次，让胸部感觉舒畅。

依此类推，将注意力集中于肩部、腹部、腿部，逐次放松。最终使全身松弛，处于轻松状态，保持一两分钟。按照此法学会如何使全身肌肉都放松，并记住放松程序。每日操作两遍，持之以恒，心情和身体均会获得轻松。睡前做一遍则有利于入眠。

2. 强化法

强化法是经典的心理学方法，是通过强化（即奖励）而促进出现某种良好行为的一项行为治疗技术。强化法一般采用逐步晋级作业，并在完成作业时根据情况给予奖励（即强化），以增加出现期望获得良好行为的次数。

生活中可以使用日记法和代币奖励法，其方法简要介绍如下。

（1）确定要进行强化的目标行为（如主动参加晨练），以日记形式每天记录。

（2）选定所使用的代币（如晨练图章）。

（3）确定支持代币的正性强化物（如大餐）。

（4）制定行为评分标准和等级（如参加晨练的次数或时间）。

（5）建立代币兑换规则、时间和地点（如每获得 7 个晨练图章可以吃一次大餐）。

3. 系统脱敏法

系统脱敏法又称交互抑制法。基本原则是交互抑制，即在引发焦虑的刺激物出现的同时，让患者做出抑制焦虑的反应。这种反应可削弱直至最终切断刺激物与焦虑的条件联系。因此，对于个体的某些明显偏差的人际交往障碍，也可应用系统脱敏法逐步予以消除或加强。

（四）生活陶冶法

1. 注重人格塑造和能力培养

一个品德好，并具有某些特长的人更易受到人们的喜爱。所以要想增强人际吸引力，融洽地与他人相处，就应健全自己的品格，表现自己的特长，使自己的品格、能力、才华不断提高。例如，平时多看书，多参加学校组织的活动，提高自身的文化素养，开阔交友视野。

2. 具有"自知之明"

每隔一段时间进行内省，也就是反思，逐步正确认识自己、接纳自己。既要了解自己的优点，也要明白自己的弱点。同时，还要尽力了解他人的优点和缺点，避免在人际交往中错误地估计自己和他人，学会扬长避短。

3. 多接受积极信息，保持乐观态度，主动避免一些负面信息

好的态度决定人的生活方式及人际沟通情况，积极与他人交往，有助于提高自己的交往自信心。

4. 保持良好心态，正确面对挫折

在交往中要保持良好心态，正视人际交往中的挫折，克服嫉妒心理。掌握客观评价的方法，改变以自我为中心的状况，平衡人际交往关系。

5. 学会适当退让

对于非原则问题要学会适当退让。这不是退缩，相反是成熟的表现。对于矛盾和焦点，可以适当进行冷处理，以缓解矛盾。

6. 掌握一定的社交技巧

交往中的技巧犹如人际关系的润滑剂，在交往活动中有助于增进沟通和了解，缩短心理距离，建立良好关系。

第六章　大学生恋爱心理

第一节　爱情与心理学

一、亲密关系概述

（一）亲密关系的性质

人与动物的不同之处在于人不只是"食色，性也"，更有归属与爱的需要。这种归属与爱的需要来自人与人之间的亲密关系。人们对这种与他人建立持续、稳定的亲密关系有强烈而又普遍的内驱力。如果想正常生活和保持身心健康，就需要在长久、关爱的亲密关系中经常与伴侣愉快交往。如果这种高级需求得不到满足，有可能罹患身心疾病。张景岳等古代医学家就有这样的临证经验："依情病者，非情不解，其在女子，必得愿遂而后可释。""若思虑不解而致病者，非得情舒愿遂，多难取效。"明代李渔认为："如凡有少年子女，情窦已开，未经婚嫁而至疾，疾而不能遂愈者，惟此一物可以药之。"这都是爱的需求得不到满足而出现身心状况的医案。因此，古代医学家提出了"顺情从欲法"。这是顺从患者被压抑的情绪，创造条件满足患者爱的需求，从而治愈心身疾病的一种中医心理疗法。

亲密关系一直是哲学家、人类学家、社会学家、心理学家关注和研究的焦点之一。亲密关系的定义有广义和狭义之分。同学、朋友、亲人、爱人等人际关系属于广义亲密关系，指的是人际关系中彼此的依赖程度。这种紧密关系是日常生活中良好的社会支持。恋人和夫妻关系属狭义亲密关系。亲密伴侣与泛泛之交至少在了解程度、关心程度、信任度、忠诚度、相互依赖性和相互一致性六个方面中存在差异。

1. 了解程度

亲密伴侣彼此有广泛、深入的了解，熟悉彼此的经历、爱好、情感和心愿，且一般不会将这些信息透露给他人。

2. 关心程度

亲密伴侣关心对方，彼此都能从对方身上感受到更多的关爱。

3. 信任度

亲密伴侣相互信任，相信亲密关系不会带来伤害，并期望伴侣能满足自己的要求、关注自己的幸福。一旦丧失这种信任，亲密伴侣间就会相互猜忌与怀疑，从而损害亲密关系特有的坦诚和相互依赖。

4. 忠诚度

亲密伴侣通常会忠诚于亲密关系，希望这种关系能持续到地老天荒，并不惜投入大量时间、人力、物力来维持。忠诚一旦丧失，恩爱的情侣或知心的朋友便会日渐疏远、貌合神离。

5. 相互依赖性

亲密伴侣的相互依赖性指双方对彼此需要的程度和影响对方的程度。这种依赖是频繁的、强烈的、多样的和持久的，一方的行为在影响自己的同时也会影响对方。

6. 相互一致性

亲密伴侣的相互一致性是指双方在生活上的融合，他们常以"我们"自称。

（二）亲密关系与依恋模式

1. 亲密关系的建立

有些人很容易与人建立亲密关系，能安心地依赖他人和让他人依赖；有些人在与他人建立亲密关系时会感到不适，与他人太亲密会感到紧张和不自在；还有人因常担心伴侣不是真爱而寻求过度的亲密关系，往往"吓跑"他人。

2. 依恋模式

每个人亲密关系的状态是受其依恋模式影响的。

（1）儿童的依恋模式

美国心理学家爱因斯沃斯观察了儿童的依恋模式。她让儿童与母亲在游戏室中玩耍，然后让一个陌生人加入。不久母亲离开，陌生人也离开，儿童独自待在房间。过一会儿陌生人返回房间，继而母亲也返回房间，观察儿童对母亲的行为反应。

儿童的行为表现大致分为三种依恋模式。

①安全型依恋：当母亲在场时，儿童会自由地进行探索，与陌生人打交道；母亲离开期间儿童会表现得心烦意乱；看到母亲返回则高兴。这是与身边重要人物的关系很亲密且从不担心被抛弃的一种依恋类型。

②回避型依恋：儿童会回避或忽视母亲，在母亲返回时几乎没有情感反应，无论什么人在场都少有探索行为，对陌生人与对母亲的态度没有多少区别。这是与身边重要人物很难建立亲密和信任关系的一种依恋类型。

③反抗型依恋：儿童会对陌生人焦虑，在母亲返回时表现出矛盾型心态，寻求与母亲保持亲密但会怨恨，并在母亲开始关注时进行抵抗。这是很想与身边重要人物亲近但又害怕被抛弃而不敢投入感情的一种依恋类型。

（2）大学生的依恋模式

英国精神分析师鲍尔比认为，依恋模式贯穿一个人从出生到死亡的全过程。不同依恋类型的儿童在成人后，其依恋模式也不尽相同。因此，不同依恋模式的大学生会呈现不同的恋爱特点。

①安全型依恋的大学生对人际关系和爱情很满意，倾向寻找具有同样安全型依恋潜质的恋人。他们通常认为自己的恋爱关系是稳定的，乐于接纳伴侣对他们的依赖，也乐于到伴侣那里寻求依赖。他们忽略伴侣的缺点而选择接纳和支持伴侣，能够很好地理解并与他人交流自己的情感，不管恋爱对象是否接纳自己都有理智的看法，即使遭到拒绝也会以恰当的方式表达情感。这种依恋类型的人是较为理想的恋爱对象，他们的恋爱关系更长久。绝大多数人的爱情属于安全依恋。

②回避型依恋的大学生认为真正的爱情是不会长久的，害怕投身到亲密关系中，不能完全信任伴侣。因为怀疑他人，他们对伴侣并不坦诚，不愿表

达自己的真实情感，甚至将情感隐藏。他们难以给伴侣情感支持，也不善于从伴侣那儿寻求情感支持。因此，回避型依恋的大学生不喜欢依赖和亲近，会尽量减少人际交往，避免亲密关系，以使自己免于承受被他人抛弃的痛苦，亲密关系发展到一定程度就开始逃避。

③反抗型依恋的大学生是占有欲强的人，寻求超出人们所愿意提供范围的亲密与安慰。他们一方面希望与恋人极为亲近，恨不得牢牢地与恋人绑定在一起；另一方面对恋人持怀疑态度，心灵深处认为恋人并不那么看重他。因此，反抗型大学生常处于对爱怀疑，拿不起、放不下的情感冲突中。

二、恋爱与爱情

在日常生活中，人们经常谈到恋爱和爱情这两个词，且常常把它们混为一谈，其实恋爱和爱情并不能画等号，它们有着不同的概念和内涵。

（一）恋爱概述

1. 恋爱的含义

恋爱是异性间择偶和培养爱情的过程，是以爱情为中心的社会心理行为。完整的恋爱过程一般包括择偶、初恋、热恋和结婚。处于恋爱中的大学生，伴随着快乐、痛苦、新奇、羞涩、不安、疑惑、痴迷等情绪，往往能感受到情绪的跌宕起伏、夜晚的辗转反侧和内心的矛盾冲突。恋爱的过程是感情发展的过程，是彼此深入了解、相互适应的过程。从心理卫生学角度看，循序渐进的异性交往方式更有助于造就健康、稳固、成熟而完美的爱情。所以有人将恋爱定义为异性之间在生理、心理和环境因素交互作用下互相倾慕和培植爱情的过程。

处于恋爱中的男女双方会产生特别的互相倾慕的感觉。这种感觉表现在：恋人之间常有眉目传情和语言沟通；恋人之间有美化对方、只见对方优点而不顾及其他方面的倾向；恋人有力图完善自己以与对方协调的倾向；恋人会在日常的一举一动中表达自己对对方的关心，有"一日不见如隔三秋"的感觉。

2. 恋爱心理的发展

大学生的恋爱心理是如何发生发展，继而成为生命中的主题之一的呢？大学生的恋爱心理经历了对异性的敏感期、对异性的向往期、对异性的选择期三个发展阶段。

在第一阶段，青春期的到来、第二性征的出现和性意识的觉醒引起了男女不同生理需求及心理需求的急剧变化。他们开始对性别敏感，并在意和关注异性。男生会留意校园中女生的容貌和着装，女生也会在篮球场等地周围有意无意地徘徊。无论熟悉与否，异性的吸引无处不在。这并不意味着他们会主动出击，往往只是试图吸引异性的注意。

第二阶段是对异性的向往期。对异性的向往是生理和心理的正常反应，性的吸引在此阶段达到了高峰，出现了希望彼此接触的意愿。但这一时期由于生理发育和自我意识发展尚不成熟，所向往的异性往往是泛化的，表现为不稳定性和非专一性。

第三阶段是选择期。此时，性心理已趋于成熟，随着社会阅历的丰富和恋爱观的逐渐形成，他们对异性的向往变得专一，开始相互寻求和选择自己的终身伴侣，建立和培育爱情。

恋爱过程可以概括为"三部曲"。

（1）好感。在人际交往中彼此欣赏。

（2）爱慕。在对对方的爱好、志趣、性格、品行等进一步了解的基础上产生更深刻的情感体验。这种内在体验能使人心旷神怡，萌发希望与其结合的强烈情感。

（3）相爱。爱慕有时是同步的，有时是不同步的，经历一些波折和磨难后，双方达到彼此爱慕之时，爱情之花就绚烂绽放了。

3. 恋爱中男女的差异

恋爱双方产生矛盾和冲突的一部分原因是双方对事情有不同的心理感受，了解男女恋爱中的差异对于经营爱情而言非常重要。

（二）爱情概述

"邂逅相遇，与子偕臧"是《诗经·郑风》中对爱情的美好描述。哲学、社会学、心理学、美学、文学都尝试对爱情进行讨论。爱情普遍被接受的定义为：爱情是人际吸引最强烈的形式，是一对男女基于一定的社会基础和共同的生活理想，在各自内心形成的互相倾慕，并渴望对方成为自己终身伴侣的一种强烈、纯真、专一的感情。

1. 爱情的性质

爱情是人类最复杂而微妙的高级情感，具有一个根本目的和两种属性。

（1）爱情的根本目的

爱情的根本目的是让对方成为自己的终身伴侣。

（2）爱情的两种属性

①爱情的生物性：爱情的内驱力是人的性欲，是延续物种的本能。性发展的成熟，使青年男女产生了对异性的向往。性吸引是爱情产生的自然前提和生理基础。

②爱情的社会性：首先，爱情是包含理性而又有目的的交往。人具有在劳动和社会关系中合乎规律地发展起来的意识，能够根据一定的原则和准则权衡和调节自己的行为，这就使简单的性关系有了高尚的精神。其次，爱情具有道德性，两性关系受道德的约束和调节。最后，爱情观受社会发展的影响，如从革命时代的志同道合到如今的爱情价值多元化。

2. 爱情的特点

（1）自主自愿性

男女之间爱情关系的成立完全出于当事人的意愿，而不受其他外在因素和势力的干预。

（2）平等互爱性

爱情以双方互爱为前提，是由两颗心弹奏出的和弦。男女双方处于平等地位，一方强制与另一方结合不是爱情，单相思也不是爱情，因同情而施舍的感情也不是爱情。

（3）无私奉献性

美国哲学家弗洛姆在《爱的艺术》中指出，爱是主动给予，而不是被动接受。爱一个人意味着愿意为他（她）的幸福甘愿奉献自己的一切。罗曼·罗兰也说过："当你真爱一个人时，你会忘记自己的苦乐得失，而只关心对方的苦乐得失。"在爱情关系中，即使最自私的人也会为对方奉献和牺牲。

（4）专一排他性

爱情是崇高的精神生活，是只能存在于两人之间的情感，具有排他性，不允许第三者介入。

（5）热烈持久性

爱情的热烈性表现在爱的激情上，强烈要求与对方结合。爱情的持久性表现在爱情的不断深化、充实和提高上，如威廉·莎士比亚（William Shakespeare）所描述的：真正的爱，非环境所能改变；真正的爱，非时间所能磨灭。

3. 爱情与喜欢的区别

爱情具有五方面的特点，喜欢只包含两个主要因素：彼此间怀有好感和对对方的积极评价与尊重。有人说爱是深深的喜欢，喜欢却不一定是爱。具体来说，爱情与喜欢有五点不同。

（1）爱情有较多的幻想，喜欢则不由对他人的幻想唤起，而是由对他人的现实评价唤起的；喜欢不像爱情那样狂热、激烈、迫切，始终比较平稳、宁静和客观。

（2）爱情与许多相互冲突的情绪有联系，喜欢却是一种单纯的情感体验。

（3）爱情往往与性欲有关，喜欢则不涉及这方面的需要。

（4）爱情具有独占性和排他性，喜欢则不具有。

（5）爱情是当你知道了他（她）并不是你崇拜的人，明白他（她）身上有种种缺点，却仍然选择他（她），而不是因为他（她）的缺点抛弃他（她）的全部。

4. 爱情与心理健康

真正的爱情是真挚而美好的人类情感，恋爱是滋生和培育这种感情的复杂过程。大学生恋爱是身心发展的需要，真正、健康的爱情对大学生的心理健康而言有着积极的作用。

（1）恋爱的积极作用

恋爱是学习建立亲密关系的过程。与一个人发展亲密关系就是在学习如何去爱一个人，学习如何与一个人长期相处，学习如何与人保持恰当的距离，学习如何在亲密关系中满足自身和相互的心理需要。恋爱是一个重新认识自我的过程。恋爱像一面镜子，会投射出自己的个性特点、为人处世的方式，会发现以往的经历对自我的影响。恋爱是促进自我成长的过程，在恋爱过程中能学会悦纳自己、包容他人，学会升华人格、激发潜能。正如法国戏剧家莫里哀曾说过的一句话："恋爱是一所学校，教我们重新做人。"

（2）健康爱情与非健康爱情

健康的爱情：①不过分痴情，不咄咄逼人，不显示自己的爱情占有欲；②在了解对方的基础上，能够充分尊重对方；③给予对方爱比向对方索取爱更能让自己感到欢欣和满足；④双方虽相互依赖但彼此保持独立的个性。

不健康的爱情：①将对方理想化，过高地评价对方；②过于痴情，不尊重对方，一味地要求对方表露爱的情怀；③对另一方缺乏关爱体贴之心，只表现自己的占有欲；④偏重于对对方外表的追求。不健康的爱情容易使人遭受各种恋爱挫折，轻则陷入感情漩涡难以自拔，重则产生严重心理问题，进而导致学习和生活紊乱。

通过问卷调查发现，失恋大学生的心理健康水平明显低于未失恋者。心理健康测查量表结果显示，在强迫症状、抑郁症状、焦虑症状、敌对症状、恐怖症状、偏执症状和精神病性症状这七个方面，失恋大学生比未失恋大学生要明显。失恋状态下的大学生抱怨心理强、对人不友好，容易有冲动、发脾气等行为；在内心痛苦得不到缓解的情况下，自卑消沉、紧张烦躁，持续时间长了则郁郁寡欢，对什么都提不起兴趣；对他人敏感而怀疑，对周围不信任，容易踏入偏执歧途。研究还发现，未恋爱的大学生与恋爱中的大学生在心理健康水平方面并没有显著差异，说明恋爱这一行为本身对大学生心理健康状况没有影响，只是恋爱受挫且没能很好地调适才会引发各种心理问题。

第二节　大学生恋爱心理

一、大学生恋爱的现状

在大学校园中，情侣的身影频频可见，不少学者的调查显示，目前大学生谈恋爱的比例较高。对 2 000 名当代大学生的调查显示，约 42 % 的大学生处于恋爱中，64 % 的人有过恋爱经历，恋爱 2 次至 3 次者占总被访者的 52 %，80 % 以上的人初恋是在上大学前。可见，我国现阶段大学生恋爱情况总体呈现普遍性和低龄化特征。

（一）大学生的恋爱动机

由于大学生的个人经历及家庭情况不同，恋爱的动机也不同。有的是对家庭生活的向往，有的是寻求感情寄托，有的是攀比、从众心理，还有的将恋爱作为一种手段。一项调查结果显示，一见钟情的占 36.61 %，为摆脱压抑感而谈恋爱的占 26.07 %，为证明自己魅力而谈恋爱的占 16.25 %，为满足好奇心而谈恋爱的占 14.64 %，为赶潮流而谈恋爱的占 6.43 %。可见，大学生谈恋爱的动机并非都是为了爱，常见的有慰藉型、友情型、理想型、志趣型、功利型和情欲型。

1. 慰藉型

处于青春期后期的大学生，自我意识加速发展，渴望得到社会与他人的理解但又不能如愿，常常感到莫名的惆怅和孤独。当被周围人误解，甚至遭到周围人排斥时，往往以恋爱的方式排遣孤独和寂寞。这种类型的恋爱只是精神空虚的补偿，毕业后恋爱关系容易破裂，成功率非常低。

2. 友情型

有的恋人原先是中学同学或同乡，本来就有感情基础，双方考上大学后，发展为恋爱关系。这种恋爱关系的发展较稳定，成功率也较高。但也有的同乡同学，虽然长期交往，感情上却缺乏共鸣，最终难以发展为爱情。

3. 理想型

有些同学爱幻想，对爱情充满理想，而缺乏冷静思考。一旦认定某个异性与自己的择偶标准相吻合，就会不顾一切地追求，并愿为之牺牲一切。这类同学将爱情理想化，比较偏执，一旦遭受挫便会非常痛苦，易出现心理问题。

4. 志趣型

有的同学将爱好相同、目标一致、事业成功作为爱情基础。这种注重事业和精神生活的恋爱，恋爱双方品德高尚、互相尊重、行为端庄大方、感情热烈、举止文明、注重思想上的沟通、以和谐的精神生活和事业的共同追求为满足。这些同学一般能较好地处理感情与学业的关系。

5. 功利型

这是一种非常势利和现实的恋爱类型。恋爱前先考察对方的物质条件和家庭地位，或者是否有帮助其留在大城市的优势。这种将恋爱作为谋取利益手段的人，往往没有真实的爱情可言。

6. 情欲型

一些大学生受青春期性本能的驱使或不良视频的影响，自控能力差，追求性刺激，以满足性欲为目的与异性进行交往，甚至把恋爱当作娱乐，逢场作戏、玩弄异性。这种类型的人往往注重异性的外表，追求感官上的愉悦，无视爱情内涵中应有的伦理和责任，是一种不健康的恋爱动机。

（二）大学生的恋爱方式

虽然社会上普遍认为当代大学生有个性化、自我中心化的特点，对待恋爱的态度可能不太认真，但某项调查显示，94％的大学生表示会认真对待自己的每一次恋爱。大学生选择在工作和学习中寻找恋人的人数比例达到60.5％，倾向于选择被动接受（被他人追求）、主动出击（追求他人）、两情相悦这三种开始恋爱的方式。在大学生中"一见钟情"的恋爱人数比例超过25％，但几乎没有人愿意接受通过家人或朋友介绍而谈恋爱的方式。在传统观念中，门当户对、郎才女貌均为完美恋爱的象征，但调查显示，选择这两项的人仅占 2.15 %。56 % 的人接受网络平台交友，但对网恋的接受程度不足 10 %。与线上交友相比，大学生更愿意在现实生活中结交朋友。

（三）大学生的恋爱对象

大学生在择偶时会从道德品质、性格特征、体貌特征、年龄大小、经济状况等方面拟定一些条件。根据在选择恋爱对象时考虑的因素不同，恋爱对象可分为外貌型、物质型、精神型和综合型。

1. 外貌型

在选择恋爱对象时，为了面子和虚荣，只选择长得好看或长得帅的对象，为的是恋人在众人面前能够赢得他人的赞美。

2. 物质型

在选择恋爱对象时，往往看中对方的物质条件，希望通过有物质保障的恋爱达到不劳而获的目的。

3. 精神型

在选择恋爱对象时，只看中对方人品、性格，完全不考虑对方所在的地域、家庭经济情况。

4. 综合型

在选择恋爱对象时，不仅看中精神层面，也将收入、地域、外貌等因素综合纳入考虑范围。前三种情况的恋爱关系维系的时间有可能不长，第四种才是比较明智而现实的选择。

一项有关恋爱对象年龄的调查显示，在 2 000 名被调查的大学生中，70 % 的人可以接受同班同学为恋爱对象，26 % 的人不介意年龄差距大的恋爱，接受姐弟恋的人达到 62 %。

（四）大学生的恋爱行为

当代大学生虽多为独生子女，但在恋爱行为的表现中，这一群体并没有局限于自我实现、自我享受。一项针对 2 000 名大学生的调查显示，没有人要求恋人与自己的兴趣爱好完全一致，且 88 % 的人表示发现恋人缺点时，愿意帮对方改正。89 % 的人会把恋爱中出现的问题当作考验和另一种增进磨合度的方式，不会轻易选择结束恋爱。在这 2 000 人中，有 54 % 的人发现恋人另有所爱时会选择主动退出，38 % 的人会选择公平竞争，这体现了当代大学生潇洒大方、敢爱敢恨的特点。调查显示，71 % 的人表示自己拥有亲密的异性友人，40 % 的人虽然会选择告诉恋人自己拥有亲密的异性友人，但却不允许恋人干涉，表现出这一群体对自己社交生活和私人空间的重视。在恋爱消费观上，一半的受调查者希望恋爱中实行"AA 制"消费模式，打破了传统意义上由男方支付的模式。

二、大学生恋爱的心理特点

大学生群体性生理已成熟，性心理发展进入浪漫的恋爱期，产生对爱情的向往并开始恋爱是十分自然和正常的事情。犹如春天来了，花就会开一样。法国著名作家雨果说过："人有两次诞生，第一次在我们出生的那一天，第二次在萌发爱情的那一天。"爱情会悄悄降临在大学生的身边。大学生恋爱除具有青年人的共性外，还有自身鲜明的特点。

（一）注重恋爱过程，轻视恋爱结果

大学生的恋爱一般只谈爱慕之情，很少或根本不谈及结婚、建立家庭、养育儿女等指向未来的具体问题，这跟大学生缺乏独立的经济能力有关。已经走上工作岗位的青年人，一般在确立了恋爱关系后，大多会商量筹办婚礼等具体事项，而大学生谈恋爱只是"现在进行时"。他们享受恋爱过程的浪漫、甜蜜，努力追寻爱情的真谛，把恋爱与婚姻相分离。因此，他们的恋爱基础不够坚实，一旦遇到实际问题，便会动摇甚至分手。还有些大学生抱有"及时行乐""不求天长地久，只求曾经拥有"的思想，只强调爱的权利，否定爱的责任，所以大学生中"有情人"多，"终成眷属"者少。

（二）恋爱自主性强，恋爱观念开放

社会青年的恋爱，一般双方家长的意见贯穿始终；而大学生谈恋爱，一般都是自由恋爱、自主选择。因为大学生离家住校独立生活，常常自己看准

了对象就去追求，甚至确定关系后家长都不知道。另外，随着大学生恋爱观念的逐步开放，传统观念覆盖下的两性关系的幕帘被撩开。现代大学生谈恋爱一改传统的以含蓄、内在、深沉为美的形式，与之相反的是在公开场合下手拉手、肩并肩、整日形影不离，甚至搂搂抱抱、招摇过市，致使旁人不得不退避三舍。过去许多高校禁止大学生谈恋爱，2005 年 9 月 1 日起实施的《普通高校学生管理规定》虽规定大学生在校期间结婚不再需要获得学校的同意，但出发点是维护学生的合法权益，学校的不干预、不禁止并不代表鼓励学生在校结婚、生子。

（三）恋爱盲目从众，自我意识淡薄

由于大学生群体的年龄、经历、文化水平等的相似，容易出现从众心理。从众心理是指个人的认知或行为会不知不觉地迫于所处群体的无形压力，不由自主地与多数人保持一致的心理现象。周围同学，特别是同宿舍的同学陆续谈了起恋爱，导致自己在群体中被"孤立"，这种感觉毕竟不好受，因此有些本来暂无恋爱打算的同学也萌发了恋爱的念头，促成了恋爱的行为。

（四）传统道德淡化，恋爱行为失范

随着时代的发展及西方婚恋观的影响，大学生常常处于理智与感性的冲突中。理性上认为应该遵守传统道德观，但在爱的激情下往往冲破传统观念的束缚，恋爱行为失范。例如，在宿舍楼、食堂、教室、图书馆等公开场合下声势浩大地表白，在教室、图书馆、校园主干道、食堂等地旁若无人地做出过分亲密的行为。

第三节　大学生恋爱心理困扰与调适

一、恋爱挫折面面观

恋爱是难以驾驭的人生艺术，大学生的心理发展还不完善，应对问题的方式也不够成熟，对恋爱的处理不当会直接影响其在校的学习、生活及人际关系。大学生因恋爱问题而产生的心理痛苦、人格扭曲，甚至引发心理障碍和恶性事件的情况在大学校园里层出不穷。大学生的恋爱常常遇到单恋、多角恋、失恋、网恋、恋爱暴力等爱的困扰和挫折。

（一）单恋的困惑

单恋俗称单相思，是指异性关系的一方倾心于另一方，却得不到对方回报的单方面"爱情"。爱情错觉是单相思的另一种形式，是指在异性间的接触中，一方错误地认为对方对自己"有意"，或者将双方的正常交往和友谊误认为是爱情来临的标志，常使当事人想入非非、自作多情。单相思是恋爱心理的一种认知和情感的失误。调查显示，单恋非常普遍，80%～90%的人有过单恋经历。单恋的一方强烈地被对方吸引，而对方并不爱自己甚至根本不知晓。单恋如果处理不好，容易出现几种情况：痛苦地挣扎在自己编织的情网中，无法挣脱，越陷越深；恋爱不成反目成仇，当发现回报是冷漠时，会产生愤怒和憎恨情绪，甚至打击报复；自信心严重受挫，悲观失望乃至自杀。

单恋有多种类型：①羞怯型单恋，指由于害羞或者胆怯，强烈地爱着一个异性却不敢向对方吐露真情，自我困扰；②执拗型单恋，指向心仪的对象表达爱意后遭到拒绝，但爱意仍没有消减；③幻想型单恋，指所爱的人虚无缥缈，可望而不可即，如追星。

（二）多角恋的困惑

多角恋是引起恋爱感情纠葛的主要原因，指一个人同时被两个或两个以上的异性所追求，或自己同时追求两个或两个以上的异性，并建立恋爱关系。因为爱情具有排他性，所以任何一种多角恋的形式都存在较大危险，当事人一旦理智失控，会给多方带来不良恶果。正如我国教育家陶行知所说："爱情之酒甜而苦。两人喝，是甘露；三人喝，是酸醋；随便喝，要中毒。"

（三）失恋的困惑

"抓不住爱情的我，总是眼睁睁看它溜走，世界上幸福的人到处有，为何不能算我一个；为了爱孤军奋斗，早就吃够了爱情的苦，在爱中失落的人到处有，而我只是其中一个……"这首《单身情歌》唱出了多少失恋人的心境。失恋，是恋爱的中断、交往的停止和恋人的离散。失恋是恋爱过程中最常见也是最痛苦的挫折，如若处理不好，失恋者会陷入羞愧难当、自卑迷惘、心灰意冷、怯懦封闭等强烈的情绪波动中，甚至绝望轻生，成为爱情的殉葬品。

失恋后的表现多种多样：情绪上的失落，如产生自卑、报复、悲愤、绝望等负面情绪；认知上的失调，产生不合理的想法，如绝对化要求（我那么爱你，你一定要爱我）、以偏概全（失恋说明我一无是处）和糟糕至极（我再也找不到爱情了）等；行为上的失控，如用消极遁世的方法与外界隔绝，用不吃不喝和割腕等方式伤害自己，用嘲笑、谩骂、毁容等行为伤害他人；躯体上的改变，如体内化学物质苯乙胺含量减少，大脑皮层出现抑制状态，精神萎靡、无精打采、四肢无力、昏昏欲睡，同时免疫能力下降，易患感染性疾病等。

（四）网恋的困惑

网恋是个体以超越时空限制的网络为载体，相识、相吸、相知、相许，通过网络维持感情沟通和交流的爱情模式。随着手机、网络的普及，以及一些社交软件的开发，网恋成为大学生的新型情感交往方式。有调查显示，87.8%的大学生认为，网恋是满足情感需求的一种方式。网恋主要包括两种形式：一种是纯粹意义上的网恋，即只在虚拟空间认识、恋爱，现实中没有接触；另一种是由线上发展到线下、由网络发展到现实生活中的恋爱。由于网络的虚拟性和隐藏性等特点，加之大学生的心理防备能力较弱，容易产生下列问题。

1. 痴迷于网恋，影响学业

网恋大学生容易网络成瘾，花较多的时间在网络上泡交友论坛，或者废寝忘食地沉浸在卿卿我我的虚拟甜蜜中，致使学习不能集中注意力，甚至逃课，成为"网恋专业户"。

2. 网恋具有一定的欺骗性

网恋会使有些大学生付出沉重代价。近年来，有关大学生被网友诈骗、抢劫甚至失去生命的报道屡见不鲜。网络的虚拟性让不法之徒有了可乘之机。因此，大学生网恋要谨慎识人，不要轻易暴露自己的真实信息。

3. 网恋会造成自我混乱

大学生在网络上会扮演与真实自我相反的性格，像做游戏一样与网友恋爱。因此，要警惕无法将网上人格与现实人格灵活转换时的人格分裂。

4. 网恋更容易失恋

网恋是掺杂了按自己对对方的美好想象构建起来的浪漫情感，不知不觉动了真情的网恋大学生，一旦从网络延伸到现实，极容易带来身心的沉重打击。

（五）恋爱暴力的困惑

恋爱暴力是指恋爱期间的暴力行为，包括生理、心理各种形式，如采用控制、冷战、胁迫、殴打、捆绑、残害、拘禁、折磨、凌辱人格、精神摧残、遗弃及虐待等手段。遭受恋爱暴力的大学生在心理上容易产生焦虑、抑郁等情绪，严重的有创伤后应激障碍，身体上更多的是面部和头部创伤及慢性胃肠道疾病。一项对南京、长沙、湘潭等 14 所高校 3 380 名大学生的恋爱暴力行为的调查发现，在恋爱的大学生中，精神暴力的发生率为 65.6 %，躯体暴力的发生率为 36.3 %，性胁迫的发生率为 11.0 %，伤害的发生率为 14.5 %。50 % 以上的个体同时经历了两种以上形式的暴力，精神暴力、躯体暴力以同时有施暴和受虐者经历为多。女生恋爱躯体暴力和精神暴力施暴多于男生，男生更多的是性胁迫行为。恋爱期间的暴力行为可以预测将来的家庭暴力，因此恋爱暴力的早期干预必须引起重视。

二、恋爱挫折的调适

大学生在遇到一种或多种恋爱困惑与挫折时，多能正确对待，采用自己的应对方式和心理潜能进行处理，随着时间的推移从挫折的沼泽中走出来，面对新的生活。少数人因对爱了解不够、爱的认知有误区、爱的能力不足，从而心理失衡、情绪激烈、行为反常，甚至引发心理危机，出现攻击、自残、自杀等极端行为。遇到恋爱挫折引发的心理问题，大学生除向心理咨询中心的老师寻求帮助外，可运用心理学方法进行自我调适。

（一）自我调适

1. 合理的情绪宣泄

恋爱受挫者最突出的表现就是情绪失控，而只有先冷处理，才能调动思维以解决问题。情绪宣泄的方法包括找亲朋好友倾诉、把愤怒的想法写下来、大声呐喊等。目前大部分高校购买了仿真情绪宣泄仪、运动宣泄仪等，恋爱受挫者可利用专业设备进行合理宣泄。

2. 理情行为疗法

理情行为疗法的理论基础为情绪 ABC 理论。A 表示诱发事件；B 表示个体针对此诱发事件产生的信念，即对这件事情的看法和解释；C 表示因此而产生的情绪与行为的结果。失恋事件（A）并不是负面情绪（C）产生的直接原因，而是负面情绪（C）面对失恋的看法（B）所导致的。同样的失恋，有人认为这仅仅意味着我们不合适，人的情绪虽也受影响但不至于消沉和抑郁。还有人认为，失恋意味着自己彻底地失败，将来再也无法找到自己喜欢的人，失恋对他而言就是一场灾难。因此，要提高自己辩证思维的能力，与自己不合理的爱情信念进行辩驳，树立正确的爱情观。

3. 放松训练

可采用呼吸放松法、肌肉放松法、冥想、瑜伽、涂鸦等协助恋爱受挫者进行自我调节，也可在心理老师的协助下使用学校的音乐放松椅、多通道生物反馈仪等专业心理设备。

4. 其他方法

尽量使自己的生活保持规律，按时吃饭、睡觉、活动；参加人际交往团体训练，扩大人际交往圈，投入更加精彩的世界，疏淡纠结的恋情。

（二）单恋的调适

1. 根据单恋的情况采用不同的方法

对不完全型单恋，如果自己有意而对方并不知情，且觉得对方很可能也爱自己，就大胆地向对方表白，同时做好心理准备。对完全型单恋，如果觉得对方根本不可能爱自己，无论花多长时间、投入多少精力也无法获得对方的心，就没有必要表白自己的情感。因为这种表白既有可能给对方造成心理压力，又会使两个人的关系变得不自然。

2. 认清恋爱错觉

学会准确观察和分析，用心明辨。例如，某个男生经常帮助一个女生，但这个男生对谁都是热心肠，并不是特殊照顾就没必要自作多情了。

（三）多角恋的调适

根据多角恋中扮演的不同角色，可以选择不同的调适策略。

1. 终止这段恋爱，开始新的恋情

当与一个异性确定了恋爱关系，生活中又闯入另一个具有吸引力的异性时，如果与前者感情较浅，人生观、价值观等不合，不妨先疏远前者，明确中断恋爱关系，待对方心理状态恢复到有一定承受能力时，再与后者热恋。如果与前者感情尚可，相爱时间较长，并不想真正放手，仅仅是对对方的某些缺点有些在意，就应该用爱情的力量鼓舞和帮助对方，使彼此达到人格、能力、志趣等方面的融合。如果与前者感情基础还在，盲目夸大恋人的缺点而迅速抛弃对方，不仅伤害对方，对自己也未必是最佳选择。

2. 尽快做出抉择

虽然与多个异性未建立恋爱关系，但却有等距的暧昧关系，这时不能有追求者多、成就感强的虚荣心理，更不能周旋甚至玩弄多个异性，可从生理条件、心理品质、兴趣爱好、价值观等方面进行比较，尽快做出抉择，断绝暧昧关系。

3. 审时度势，勇于退出

当成为三角恋的当事人且判定自己处于"劣势"，在感情上只有付出却得不到爱时，就应有情场"勇退"的精神，学会正确评价自己，"并不是我不够好，只是不是对的那个人""如果我真爱她（他），放手也是一种幸福"，退出竞争的三角漩涡。这也是在爱中成长的表现。

（四）失恋的调适

根据失恋者的心路历程，在不同阶段可侧重不同的调适方法。

1. 运用酸葡萄心理机制

失恋初期，失恋者尚未从强烈的打击中缓过神来。由于恋人的离去，总觉得是自己一无是处，同时怀念恋人的种种优点，越发地否定自己。如此恶性循环，情绪越来越低落。要打破这种恶性循环，不妨运用合理化的应对方式，俗称酸葡萄心理机制。酸葡萄心理机制，就是对自己无法得到的东西降低好感和重视程度，吃不到葡萄就说葡萄是酸的。失恋后尽量多想恋人的缺点，少想或者不想恋人的优点，使心理平衡些。需要注意的是，酸葡萄心理机制要使用适当，过多、过久均容易导致非理性思维。

2. 注意转移法

失恋者在一段时间内能动性较差，容易强迫式地回忆两个人的恋爱点滴，如翻翻以往的照片、查查聊天记录，陷入失恋的深渊而无法自拔。这时应想方设法把自己的注意力从失恋中转移出来，分散到自己感兴趣的事情上，如听听音乐、看看电影、出去旅游、做做运动等。躯体的放松会冲淡因失恋而造成的挫折感和压抑感，这些方法也适合失恋初期。

3. 积极认知法

失恋的中期需要进行认知调整和积极的自我暗示，要辩证地看待失恋，要能挖掘失恋后的积极想法和理念。有的人会产生一些负面想法："我那么爱他（她），为什么他（她）还要离开我""我真是一无是处，怎么就留不住我爱的人呢""我觉得再也找不到如此爱的人了。"警惕这些思维误区，努力与不合理的想法进行辩驳："我爱他（她）是我需要他（她），他（她）需要我吗？真正爱他（她）是不是让她去寻找自己的幸福""幸亏他（她）现在提出分手，如果他（她）结婚后才提出分开岂不更糟""他（她）不爱我并不说明我不可爱，只能说明两人的性格和观念不合"。只有具备积极的想法和理念才能从根本上调整不良情绪。

4. 升华法

失恋的后期可以尝试一下能否从失恋中涅槃重生。古今中外，不少著名的历史人物恰恰是在遭受失恋打击后发奋追求事业，从而流芳百世、名垂青史的。歌德就是出于对失恋的升华创作了《少年维特之烦恼》。因此，把因失恋产生的挫折感、压抑感升华，转换为奋斗和拼搏的动力是十分有益的。当全身心地投入一项更有意义的活动中去的时候，失恋的负能量就能转化为正能量，如参加一些公益活动或成为爱心志愿者，在帮助他人的过程中找到生活更大的意义。

总之，大学生要做到失恋不失德、失恋不失志、失恋不失命。①失恋不失德：失恋也是考验大学生品德和人格的时候，失恋后要做到不打击、不报复、不伤害、不破坏对方的名誉和人格、不干扰对方重新建立的新生活。②失恋不失志：不能因为失恋而丢掉自己的理想和志向。应暂时放下爱情，追求自我实现。当你为理想而拼搏奋斗的时候，爱情就会悄然降临。③失恋不失命：爱情是人生的重要内容而非全部。人生除了爱情外，还有亲情、友情等很多美好的东西。因为失恋而毁掉自己的生命是愚蠢的行为，要好好地爱自己，爱情之花迟早还会为你开放。

（五）网恋的调适

网恋大学生可从两个方面进行调适。

1. 不过分夸大网恋中的感觉和信息

容易幻想和追求浪漫的人，在网恋开始时总是感觉刺激而唯美，对对方抱有很高的期望，而高期望的对象和爱情往往容易被现实摧毁。因此，对这种纯精神的交流要保持头脑冷静，理性分析，不可不信亦不可全信。

2. 从网恋走入现实生活

网恋有可能是恋爱的起始，但不是恋爱的全部，最终还是要从虚拟世界走向现实生活。从网络到现实，亲密关系的发展往往会有一段缓冲期。如果现实与网络差异很大，要么毁于一旦，要么重新建立亲密关系。因此，网恋大学生要做好充分的心理准备，思考当过滤了金钱、品性、身份、家庭等现实因素的网恋嫁接到传统恋爱模式，是否还能历经考验而稳定发展下去。

（六）恋爱暴力的调适

大学生要想避免受到恋爱暴力的伤害，首先要学会识别恋爱暴力。恋爱暴力除了明显的躯体暴力外，还有侮辱、谩骂、威胁等精神暴力。其次要学会拒绝暴力，一旦感受到恋爱暴力要学会自我保护，拒绝暴力而非容忍。因为恋爱暴力有可能延续到婚姻，甚至影响终身。必要时，一定要寻求心理咨询中心的帮助。

三、培养爱的能力

爱的能力是指与他人建立亲密关系的能力。具备爱的能力的人能真正地爱他人、爱自己，从而体验到幸福和快乐。心理学家弗洛姆认为："爱是一种能力，也是一种艺术。"因此，只有掌握了爱的艺术、具备了爱的能力，才能正确地面对和处理爱情。

（一）爱自己的能力

弗洛姆说："关心、尊重、责任、认识，它不是为某个人所爱之意义上的一种情感，而是为所爱的人的成长和幸福的一种积极主动的奋斗。它根植于自身的爱的能力。"

爱自己的能力不足主要表现为自卑心理，在恋爱问题上常怀疑自己的能力，害怕自尊心受到伤害。一旦恋爱受挫，往往封闭自己，逃避现实。大学生要正确认识自我，勇于正视自身的缺陷与不足，同时看到自己的优点和长处；要树立积极的人生态度，加强自身修养，以乐观积极的态度对待生活和人生。

（二）表达爱的能力

表达爱需要勇气。很多大学生苦于不知如何表达自己的爱，从而错失爱情。爱上一个人能否用恰当的方式和语言表达出来往往是爱情成功与否的重要因素。表达爱本身也是一种幸福，即使得不到回报，却也满足了爱的心理需求。让对方知道被一个人爱着，是一种崇高的境界。

（三）接受爱的能力

当期盼的爱来到身边，能否勇敢地接受也是一种爱的能力。有的大学生在他人向自己示爱后会不知所措，明明心里很喜欢却做出让对方误解为拒绝的行为。还有的大学生由于体貌、家庭条件等因素产生自卑心理而不敢接受他人的示爱，觉得自己不配或不值得被爱，从而错失了发展爱情的机会。

（四）拒绝爱的能力

当我们面对不愿意或不值得接受的爱或没做好爱的准备时，应有拒绝爱的勇气。在拒绝求爱时态度要坚决，不能犹豫不决、拖泥带水，不能为了满足自己的虚荣心和功利心半推半就。在拒绝求爱时要注意态度和方法，要尊重对方，态度要真诚，要肯定对方的优良品质，只是对方与自己的择偶标准不符，防止激化对方的不良情绪，引发不良行为。

（五）鉴别爱的能力

谈恋爱，首先要懂得爱，喜欢、迷恋、好感、友情等都不是爱情。爱情是排他的、专一的。异性之间的友情有可能转变为爱情，但二者之间绝不能画等号，否则"恋人没做成，朋友也没得做"。有的学生分不清迷恋与爱情的界限。迷恋受恋爱晕轮效应的影响，会对对方的某一特质极度喜爱，但并没有完全了解，因此迷恋往往不能持久。

（六）解决冲突的爱的能力

恋爱中的两人因原生家庭、社会阅历、思维方式、情感体验、价值观等的不同，在恋爱过程中常有摩擦和冲突，这是恋爱磨合的必经阶段。如果不是原则性问题，可在解决恋爱冲突的过程中学习和成长，升华彼此的关系。恋人间发生冲突有四种应对方式：温和式沟通、争吵式沟通、冷战和肢体冲突。冷战和肢体冲突这样的"恋爱暴力"会使爱情夭折，应积极采用温和式沟通和争吵式沟通。

1. 温和式沟通

（1）发生冲突的时候先按暂停键，双方要先冷静下来，避免在情绪激动的情况下做出错误的决定。

（2）从认知上进行调整，明白冲突并不是坏事，有助于双方增进了解，了解男女在恋爱中的差异。

（3）站在对方的角度看待问题，找出积极的沟通方法。

2. 争吵式沟通

争吵式沟通要具有建设性意义，注意做到以下六点。

（1）要澄清对方的想法，同时清晰表达自己的想法。如对方说："我真觉得你很自私。"你别急着反击："你又好到哪里去？"可以建设性地问："为什么你会这么觉得，我做了什么事情让你觉得我自私？"这就是在澄清对方的想法。如果对方提出的证据你觉得不合理，也可以说出不合理的理由。这样的争吵才有具体的焦点和解决的可能。

（2）要厘清彼此的需求。如对方说："你每次都不在意我的感受。"你也别急着反驳："我怎么不在意你的感受了，莫名其妙。"而是建设性地问："你觉得我怎样做才是在意你的感受？"如果对方说："我希望你能够常常陪我。"继续厘清他（她）的需求："你觉得一星期我陪你几天才会觉得我是常常陪你，而没有忽略你的感受呢？"这样双方就开始沟通具体的问题，对方也可能会意识到自己的要求不是很合理。

（3）不要谈一些不太可能改变的事情。如在对方谈及你的身高不足或家庭条件不好时，你可以冷静地回应："这我知道，但谈这些对我们解决问题而言没有任何帮助，能不能谈些我可以改变的？"

（4）不要翻旧账，应将注意力集中到当下和未来，如说："好，我们以后如果遇到类似的问题该怎么办？"

（5）不要打断对方，冷静地听对方讲话的内容，随时澄清问题。如果对方打断你，可直接跟他（她）说："你现在一直在打断我，这样我没法讲我的想法。"

（6）恋人之间不要吝啬说"对不起"，如果是自己的错，及时道歉是化解冲突的良药。

（七）调适恋爱挫折的能力

恋爱不可能一帆风顺，遇到挫折在所难免，单恋、失恋等都是一种考验。提高抗挫折能力、提升心理弹性来抵御挫折带来的伤害很有必要。

要学会辩证地看待失恋。失恋只是一种选择的结果，对方不选择自己并不等于自己一无是处。失恋也是一种人生财富，经历过失恋并从挫折中走出来，承受挫折的心理弹性会增强，人会变得更加成熟。当再次投入一场恋爱时，会更加用心地去体验和经营。

（八）保持持久爱的能力

要想保持长久的爱情，就要学会经营爱情，具备爱的智慧和持之以恒的奉献精神，同时在爱情中有自己的追求与发展，保持自己的个性。善于沟通、相互关心、相互欣赏、尊重对方是爱的不竭动力源泉。大学生处理好恋爱与学业的关系、发展好与其他人交往的关系、将爱作为发展的动力也是保持爱情长久的助力剂。周恩来和邓颖超是近代以来的模范夫妻，他们在婚姻中总结出"互爱、互敬、互勉、互慰、互让、互谅、互助、互学"的八互原则。直至今日，"八互"仍是我们在恋爱和婚姻存续期间应该秉持的基本原则。邓颖超还认为男女双方共同的理想目标、相同的情趣爱好、自由的交往空间是婚恋长久的基础。

（九）结束爱的关系的能力

当一场美好的爱情因发现对方并不是自己理想的恋人或不适合作为终身伴侣而走到尽头时，为减少对对方的伤害，可采用以下中断恋爱的方法。

1. 面谈

面谈作为最直接的面对面的方式，在交谈时要注意内容和语气。先要肯定对方在恋爱时对自己的关怀和爱护，然后明确而坚决地表达自己终止恋爱关系的目的和原因，再次感谢对方并表示祝福。全程语气柔和而坚定，并尊重对方。

2. 书面表达

如果自己没有勇气或者怕自己掌控不好现场可以通过书信、电子邮件等形式表明自己的态度。在书面表达中也要注意措辞和语气，尽可能地表达清楚，避免误解。

3. 寻求他人帮助

请双方都信任和尊重的人帮忙表明自己的态度，顺势对其进行劝慰和开导。

第七章　大学生情绪管理

第一节　情绪概述

一、情绪的概念

情绪，是一种心理状态，是一种非常复杂的心理活动，是人类在认识和改造世界的过程中，接触到社会或自然界中各种事物和现象，以及遇到成功、挫折和失败而产生喜悦、愤怒、悲哀、恐惧等多种感受和体验。这种对客观事物和现象的态度的反映，称为情绪。

情绪是指人们在内心活动过程中所产生的心理体验，或者说是人们在心理活动中，对客观事物是否符合自身需要的态度体验。

人们的心理活动，包括感知、注意、记忆、思维等都有情绪的参与，都处于某种情绪的状态中，都会受到情绪的影响。因此，可以认为情绪是生命的指挥，情绪驾驭着生命。

在情绪状态下个体会产生生理变化与行为变化，且很难被自身所控制，因此情绪对个体的生活、学习和工作具有重要的影响。情绪状态是人的需要是否得到满足的反映，同时又因人主观体验的不同而千差万别。

1. 情绪由刺激引起

情绪不是自发的，而是由刺激引起的。引起情绪的刺激，多半是外在的，但有时也是内在的；有时是具体可见的，有时又是隐而不显的。和煦的阳光、清凉的海风，能令人心旷神怡；忙碌的街道、喧哗的操场，则令人烦躁不安；未完成的作业、欠费的通知，会引起人们的焦虑和紧张。诸如此类引起情绪的外在刺激不胜枚举。

至于引起情绪的内在刺激，有生理性的，如腺体的分泌、器官功能失常

（疾病）；还有心理性的，如记忆、联想、想象等心理活动。想到伤心事，不觉潸然泪下，这是人人都体会过的。这些生理性和心理性的内在刺激均可能使人产生不同的情绪。

2. 情绪与需要密切相关

需要是情绪产生的基础，而且个人所体验到的情绪性质具有主观性。因此，是否引起情绪体验及产生何种情绪体验，都与需要密切相关。客观刺激与主观需要的相关性是情绪产生的前提。

另外，客观事物是否满足人的需要，决定个体会产生什么样的情绪体验。当客观事物符合人的预期并满足人的需要时，就会使人产生积极的情绪体验，如满意、愉快、喜悦、振奋等；当客观事物不符合人的预期并不能满足人的需要时，就会使人产生消极的情绪体验，如悲哀、厌恶、忧虑、愤怒等。大学生的需要复杂多样，既有合理的需要，也有不合理的需要。即使是合理的需要，由于年龄、阅历、知识和能力等条件的限制，有时候也不能满足，这就造成了大学生情绪的广泛性、复杂性和多样性。

3. 情绪与认识活动密切相关

同样的外在刺激，未必能引起同样的情绪状态。比如灾难，有人见灾恐惧，但也有人幸灾乐祸，出现这种情绪反应差异的现象，显然与个人的动机有关。两名打完篮球的运动员回到宿舍后同时看到桌子上有半杯水，两人的态度截然不同。运动员 A 说："哎呀，水杯里只有半杯水，没得喝了！"运动员 B 说："太好了，杯子里还有半杯水，可以享受一下了。"总之，产生何种情绪与认识活动密切相关。

4. 情绪状态不易自我控制

情绪体验的产生，虽然与个人的认知有关，但伴随产生的生理变化与行为反应，当事人却是很难加以控制的。研究表明，人在愤怒时，呼吸每分钟可达40次至50次（平静时每分钟20次左右）；突然惊恐时，呼吸会暂时中断，心跳每分钟20次；狂喜或悲痛时，呼吸还会出现痉挛现象。呼吸的变化可由呼吸描记器以曲线的形式记录下来。分析人的呼吸曲线的变化，可以推测人的某些情绪状态。当人在愤怒时，除了呼吸的变化，人的循环系统也会发生变化，如心跳加速、血压升高、血糖增加、血液的化学成分（如血氧含量）发生变化等。此外，消化腺的活动也会受到抑制。例如：当人焦虑、悲伤时，肠胃蠕动功能下降，食欲衰退；当人惊恐、愤怒时，唾液常常停止分泌，而感到口干舌燥。泪腺、汗腺及各种内分泌腺（如肾上腺、胰腺等）都会在情绪状态下发生一系列变化。

在所有的反应中，皮肤电阻的反应是最为显著的。因为在情绪状态中，血管的收缩和汗腺的变化会引起皮肤电阻的变化。在人的汗腺中存在着大量的钠元素，这种元素会使导电性增强，电阻下降，从而使电流升高，故而通过对皮肤电流的测试，就可以了解人的情绪状态。测谎仪就是根据人在情绪变化时不能控制身心变化的原理设计的。根据上述呼吸的变化、脉搏跳动的增加及皮肤电流的升高，研究人员可以了解被试者是否说谎。这说明，人在一定的情绪状态下产生的生理变化和行为反应，当事人是不易控制的。

二、情绪的种类

（一）四种基本情绪

关于情绪的种类，长期以来说法不一。《礼记》提出了"七情"说，即喜、怒、哀、惧、爱、恶、欲。《白虎通义》提出了"六情"说，即喜、怒、哀、乐、爱、恶。西方心理学家从生物进化的角度，认为人的情绪可以分为基本的情绪和复合的情绪。基本的情绪是人和动物所共有的，是先天的，不学而能的；复合情绪则由基本情绪组合而来。现代心理学家普遍认为人有四种基本情绪，即快乐、愤怒、恐惧和悲哀。

1. 快乐

快乐，是指一个人盼望和追求的目的达到后产生的情绪体验。人的需要得到满足，愿望得以实现，心理的急迫感和紧张感解除，快乐就随之而生。快乐有强度的差异，从愉快、兴奋到狂喜，这种差异与所追求的目的对自身的意义及实现的难易程度有关。

2. 愤怒

愤怒，是指所追求的目的受到阻碍，愿望无法实现时产生的情绪体验。愤怒时紧张感增加，有时不能自我控制，甚至出现攻击行为。愤怒也有程度上的区别：一般的愿望无法实现时，只会感到不快或生气；但当遇到不合理的阻碍或恶意的破坏时，愤怒会急剧爆发。这种情绪对人的身心伤害也是明显的。

3. 恐惧

恐惧，是指企图摆脱和逃避某种危险情境而又无力应付时产生的情绪体验。恐惧的产生不仅由于危险情境的存在，还与个人排除危险的能力和应对危险的手段有关。一个初次出海的人遇到惊涛骇浪或者鲨鱼袭击会感到恐惧无比，而一个经验丰富的水手对此可能已经司空见惯，泰然自若。婴儿身上的恐惧情绪表现较晚，可能与其对恐惧情境的认知较晚有关。

4. 悲哀

悲哀，是指心爱的事物失去时，或理想和愿望破灭时产生的情绪体验。悲哀的程度取决于失去的事物对自己的重要性和价值。悲哀时带来的紧张释放，会导致哭泣。当然，悲哀并不总是消极的，它有时能够转化为前进的动力。

（二）情绪的状态

情绪状态是指在一定的生活事件影响下，在一段时间内所产生的某种情绪。苏联心理学家根据情绪发生的强度、持续性和紧张度把情绪状态划分为心境、激情与应激三种。

1. 心境

心境，是一种微弱、平静和持久的情绪状态，也就是人们常说的"心情"。心境具有弥散性，它是我们内心世界的背景色，能使我们的心情在一段时间内都渲染上相应的色调。心境有积极和消极之分：当一个人心情舒畅时，他看什么都会觉得乐观积极；而当一个人郁郁寡欢时，则对许多事物都会感到没有兴趣。"忧者见之而忧，喜者见之而喜"就是心境的表现。

心境与外界的环境和个人的性格有极大的关系。当人们坠入爱河时，会有很长一段时间保持着快乐的心境；当人们考试失败时，也会有持续一段时间的郁郁寡欢。同样一句话，对于一个心胸豁达的人来说，往往并不在意，很快就忘记了；但是对于一个心胸狭窄的人来说则会耿耿于怀，很久不能忘记。

心境会影响我们的学习、生活，甚至健康。积极良好的心境可以提高学习和工作的效率，帮助我们克服困难，保持身心健康；消极不良的心境则会使人意志消沉、悲观绝望，无法正常工作和交往，甚至导致一些身心疾病。所以，保持积极健康、乐观向上的心境对于每个人而言都有重要意义。

2. 激情

激情，是一种爆发强烈而持续时间短暂的情绪状态，犹如疾风骤雨，来得快去得也快。激情往往由重大的生活事件引起，生活中的狂喜、狂怒、沉重的悲痛和异常的恐惧等都是激情的表现。

激情可以是正面的，与理智和坚强的意志相关，是激励人们积极行动的巨大动力。例如，面对凶残的歹徒，人们奋勇上前就是一种正面的激情表现。激情也可以是负面的，具有很大的破坏性和危害性。例如，在激情的状态下，人们有时会出现"意识狭窄"的情况，难以理智地分析问题和自我控制，往往会一时冲动，酿成苦果。激情有时还会引起强烈的生理变化，使人言语混乱、动作失调，甚至休克。所以，在生活中应该适当地控制激情，努力发挥其积极作用。

3. 应激

应激，是出乎意料的紧迫和危急情况下所引起的高度紧张的情绪状态。在突如其来的紧张状态下，人们会调动各种心理资源以应付紧张的局面。例如，日常生活中突发的火灾、地震，飞机在飞行中的突发状况等，都会使人产生一种特殊紧张的情绪体验，即应激。

应激的生理反应大致相同，但外部表现可能有很大差异。积极的应激反应表现为沉着冷静、急中生智，全力以赴地排除危险、克服困难；消极的应激反应表现为惊慌失措、一筹莫展，或者做出错误的行为，加剧了事态的严重性。这两种截然不同的行为表现，既同个人的能力和素质有关，又同平时的训练和经验积累有关。如果接受过防火演习和救生训练，遇到类似的突发事故，就能正确及时地逃生和救人。

三、情绪的功能

在人类生活中，情绪具有重要的功能，主要分为适应功能、调控功能、激励功能、健康功能。

（一）情绪的适应功能

情绪，是有机体适应生存和发展的一种重要方式。例如，动物在遇到危险时产生害怕情绪，从而发出呼救信号，就是动物求生的一种手段。人类婴儿出生时，还不具备独立的维持生存的能力，这时主要依赖情绪来传递信息，与成人进行交流，得到成人的抚养。成人也正是通过婴儿的情绪反应，及时为婴儿提供各种需求。

在成年人的生活中，情绪直接反映着人们生存的状况，是人们心理活动的晴雨表。例如：愉快表示处境良好；痛苦表示处境困难；恐惧有逃避威胁、自我保护、物种延续的进化意义；愤怒有保护领地和资源不被侵犯的进化意义。积极情绪提示环境中无危险威胁，尽可以放松，利于与他人建立亲密、合作关系，创造、获取生存资源。除了生存意义，人们还通过情绪进行社会适应。例如：用微笑表示友好；用人情维护人际关系；通过察言观色了解对方的情绪状况，以便采取相应的措施等。也就是说，人们通过各种情绪了解自身或他人的处境与状况，适应社会的需要，求得更好的生存和发展。

（二）情绪的调控功能

情绪对人们的认知过程具有影响作用，而且既有积极作用，也有消极作用。良好的情绪情感会提高大脑活动的效率，提高认知操作的速度与质量。耶基斯 - 多德森定律说明了情绪与认知操作效率的关系，不同情绪水平与不同难度的操作任务相关。

1980 年，心理学家耶基斯和多德森通过动物实验发现，随着课题难度的增加，动机最佳水平有逐渐下降的趋势，表现为一种倒 U 形曲线，这种现象称为耶基斯－多德森定律。后续对人类进行的研究则证明：个体智力活动的效率与其相应的焦虑水平之间存在着一定函数关系，即随着焦虑水平的增加，个体积极性、主动性及克服困难的意志力也会随之增强。焦虑水平对效率可以起到促进作用，当焦虑水平为中等时，能力发挥的效率最高，而当焦虑水平超过了一定限度时，过强的焦虑对能力的发挥又会产生阻碍作用。

考试焦虑就是一个典型例子。心理学家把考试焦虑分为低、中、高三级水平：当人的情绪过于放松，丝毫不紧张时，认知操作的成绩很差；当人的情绪比较紧张但又不过分紧张时，认知操作成绩最好；当情绪进一步紧张，达到过度兴奋时，认知操作的成绩又会降下来。由此可见，情绪的调控功能是非常重要的。

（三）情绪的激励功能

情绪能够以一种与生理性动机或社会性动机相同的方式激发和引导行为。有时我们会努力去做某件事，只因为这件事能够给我们带来愉快与喜悦。从情绪的动力性特征看，分为积极增力的情绪和消极减力的情绪。快乐、热爱、自信等积极增力的情绪会提高人们的活动能力，而恐惧、痛苦、自卑等消极减力的情绪则会降低人们活动的积极性。有些情绪同时兼具增力与减力两种动力性质，如悲痛可以使人消沉，也可以使人化悲痛为力量。

情绪对于大学生的学业和人际关系而言有着举足轻重的影响。当情绪积极乐观时，学习效率倍增；而当情绪处于低迷、忧郁或是烦躁不安的状态时，学习往往也是一团糟。一个人再聪明，但如果没有良好的心态，他的能力也无法发挥，而良好的心态正是一个人最大限度地发挥自己能力的基础和前提。不同的情绪状态会直接影响我们的人际关系状况。积极健康的情绪有助于人际交往；相反，情绪焦虑、抑郁、冷漠或者处在应激状态都会影响我们的社会行为，从而影响人际关系。

（四）情绪的健康功能

情绪对健康的影响作用是众所周知的。积极的情绪有助于身心健康，消极的情绪会引起人的各种疾病。我国古代医书《黄帝内经》中就有"怒伤肝，喜伤心，思伤脾，忧伤肺，恐伤肾"的记载。有许多心因性疾病与人的情绪失调有关，如溃疡、偏头痛、高血压、哮喘、月经失调等。有些人患癌症也与长期心情压抑有关。

愉快的情绪还能使整个机体的免疫系统和体内化学物质处于平衡状态，从而增强对疾病的抵抗力。据说，英国著名化学家法拉第年轻时由于工作紧张，神经失调，身体虚弱，久治无效。后来，一位名医给他做了详细检查，没有开药方，只留下一句话："一个小丑进城，胜过一打医生。"法拉第仔细琢磨，觉得有道理。从此以后，他经常抽空去看滑稽戏、马戏和喜剧等，并在紧张的研究工作之后，到野外和海边度假，调剂生活情趣，以保持经常的心境愉快，结果活了 76 岁，为科学事业做出了很大贡献。调查发现，几乎所有长寿老人平时都非常愉快，并且长期生活在一个家庭关系亲密、感情融洽、精神上没有压力的环境中。

第二节　大学生情绪的特点及影响

一、大学生的情绪特点

大学生正处在向成年期过渡的阶段，这既是一个可塑性很强的时期，同时又是一个充满情绪冲突的时期。对于大学生来说，再没有比情绪状态能更让人产生波动的了。一名大学生这样形容自己的情绪："当我情绪高涨时，我就像一座喷发的火山，心花怒放，充满着豪情壮志，好像有使不完的力量和精力，我愿意将我所有的热情和智慧，与我认识的所有人分享；而当我情绪低落时，我又像是一座冰山，对什么都失去了兴趣，我会感到命运乃至周围所有的人都在和我作对，我是那样的沮丧与无奈……"在这一阶段，学生很容易出现情绪困扰和冲突，所以了解大学生的情绪特点，认识其情绪发展过程中存在的问题，并及时进行有针对性的疏导和调节以促进大学生身心的健康发展，就显得尤为重要。

1. 丰富性和复杂性

从生理发展分段来看，大学生正处于青春期，一个充满梦想和憧憬的年龄阶段，几乎人类所具有的各种情绪，都可在大学生身上体现出来，并且各类情绪的强度不一，如有悲哀、遗憾、失望、难过、悲伤、哀痛、绝望之分；从自我意识的发展来看，大学生表现出较多的自我体验，自我尊重的需要强烈，易产生自卑、自负等情绪体验；从社交方面来看，大学生的交际范围日益扩大，与同学、朋友及师长之间的交往更细腻、更复杂。有的大学生还开始体验一种更突出的情感——恋爱，而恋爱活动往往又伴随着深刻的情绪体验，这种特殊的体验对大学生来说有十分重要的影响。在情绪体验的内容上，大学生的情绪呈现出丰富多彩的特征，以惧怕的情绪举例，大学生所惧怕的事物，主要与社会的、文化的、想象的、抽象复杂的事物和形势有关，如怕考试、怕陌生人、怕惩罚、怕寂寞等。

2. 波动性和两极性

波动性和两极性具体表现为强烈、狂暴性与温和、细腻性共存。大学时期是人生面临多种选择的时期，学习、交友、恋爱等人生大事基本都在这一阶段完成。社会、家庭、学校及生活事件，都会对大学生的情绪产生影响。尽管大学生的认识水平有了一定程度的提高，对自己的情绪已有了一定的控制能力，情绪亦趋于稳定。但同成年人相比，大学生相对敏感，情绪带有明显的波动性。一句善意的话语、一个感人的故事、一支动听的歌曲、一首情理交融的诗歌，都可以使他们的情绪发生骤然变化。特别是在社会转型过程中，社会的变迁、体制的变革、新与旧价值观的更替，种种复杂的社会现象更容易使大学生产生困惑和迷茫，产生情绪的困扰与波动。同时，由于大学生正处于情绪表现的"动荡"时期，因为自我认知、生涯发展及心理发展还未成熟等原因，他们的情绪起伏较大，带有明显的两极化特征：胜利时得意忘形，挫折时垂头丧气；喜欢时花草皆笑，悲伤时草木流泪。他们的情绪的反应摇摆不定、跌宕起伏。有人对大学生进行调查，发现70％的大学生的情绪是经常两极波动的，像"波动曲线一样，忽高忽低，忽愉快忽愁闷"。

3. 冲动性和爆发性

美国心理学家霍尔认为青春期是"蒙昧时代"向"文明时代"演化的过渡期，其特点是动摇的、起伏的，他把这一时期称为"狂风暴雨"时期。由于知识水平和认知能力的提高，大学生对自己的情绪能够有所控制。但又因为他们兴趣广泛，对外界事物较为敏感，加之年轻气盛和从众心理，所以在许多情况下，其情绪易被激发，犹如狂风暴雨不计后果，带有很大的冲动性。他们往往对于符合自己信念、观点和理想的事件或行为，迅速发生肯定的情绪；对于不符合自己信念、观点和理想的事件或行为，则迅速出现否定情绪。有时甚至会盲目狂热，而一旦遇到挫折或失败又会灰心丧气，情绪来得快，平息也快。

大学生情绪的冲动性常常与爆发性相连。大学生的自制力较弱，一旦出现某种外部强烈的刺激，情绪便会突然爆发，借助于冲动的力量驱使，在语言、神态及动作等方面失去理智的控制，忘却了其他任何事物的存在，极易产生破坏性的行为和后果。

4. 阶段性和层次性

大学阶段由于不同年级培养目标和培养重点不同，教育方式和课程设置有所区别，各个年级面临的问题不同，大学生的情绪特点也不同，呈现出阶段性和层次性的特点。大学新生面临的是环境适应、学习方法的改变、熟悉新的交往对象、了解及确立新的目标等问题。新生自豪感和自卑感混杂，放松感和压力感并存，新鲜感和恋旧感交替，情绪波动大。二、三年级学生经过了一年级的适应过程，能够融入校园生活中，情绪较为稳定。毕业班学生面临毕业论文（毕业设计）及择业等多方面的重大问题，压力大，情绪波动大，消极情绪多。另外，由于社会、家庭及自身要求、期望的不同，以及能力、心理素质的差别，大学生也会表现出不同的情绪状态。

5. 外显性和内隐性

大学生对外界刺激反应迅速敏感，喜怒哀乐常形于色，比成年人外露和直接。但与中小学生相比，大学生会文饰、隐藏或抑制自己的真实情感，表现出内隐、含蓄的特点。一般而言，大学生的很多情绪是一眼就能看出来的，如考试第一名或赢得一场球赛，马上就能喜形于色。但由于自制力的逐渐增强，以及思维的独立性和自尊心的发展，他们情绪的外在表现和内心体验并不总是一致的。在某些场合和特定问题上，有些大学生会隐藏或抑制自己的真实情感，有时会表现出内隐、含蓄的特点。例如，对学习、交友、恋爱和择业等具体问题，他们往往深藏不露，具有很大的内隐性。另外，随着大学生社会化的逐渐完成与心理逐渐成熟，他们能够根据特有条件，有规范、有目标地来表达自己的情绪，使得自己的外部表情与内部体验不一致。例如，有的学生对异性萌生了爱慕之情，却往往留给对方贬低、冷落的印象。

二、大学生情绪健康的标准

（一）健康情绪的指标

健康的情绪是健全人格的必要条件之一。良好的情绪可以促进人的身心健康，使人精神饱满、思维敏捷、乐观向上，而不良的情绪会使人思维沉钝、郁郁寡欢、悲观失望、身体的抵抗力下降。因此，保持情绪健康，做情绪的主人是我们享有健康快乐的人生的必要条件。以色列心理学家索尔指出情绪健康的八个特点：①独立，不依赖父母；②增强责任感及工作能力，减少与外界接纳的渴望；③去除自卑情结、个人主义及竞争心理；④适度的社会化与教化，能与人合作，并符合个人良心；⑤成熟的性态度，能组建幸福的家庭；⑥培养适应能力，避免敌意与攻击；⑦对现实有正确的了解；⑧具有弹性和适应力。

（二）健康情绪的特征

没有谁的人生是一帆风顺的，在生命的长河中，我们都会遇到风浪，会产生各种情绪反应。健康的情绪并不是没有消极的情绪反应，而是能够较少地受悲观情绪的浸染，能积极地寻求办法，从不良的情绪中走出来。一般来说，如果对事件能够保持积极的态度，拥有乐观稳定的心境，做出恰当的情绪反应，就说明情绪是健康的。那么对于大学生来说，健康的情绪有哪些衡量指标呢？

1. 能够合理地表达和宣泄情绪

大学生处于身体和心理发展的黄金时期，精力较为旺盛，加之日常学习、情感等的影响，容易受到情绪的困扰。健康的情绪不代表没有情绪，"喜怒不形于色"往往会对心理造成过大的压力。情绪的产生是必然的，每个人都有情绪，都需要表达，也需要释放和宣泄。情绪成熟的人能够通过语言、神态、行为，准确地表达自己的情绪。遇到伤心的事大哭一场好过默默地埋藏在心底。

2. 情绪反应适度

一定的事件引起相应的情绪。若情绪反应的强度适宜、持续的时间合理，则情绪是健康的。比如：在考试中取得好成绩却没有相应的开心体验，受到别人的夸赞时却表现得很愤怒，则可能存在一定的心理问题；和男友分手了，当时会非常伤心难过，但是经过很长一段时间还是难以释怀，看到前男友有了新的女朋友就感到愤怒、悲伤也是不正常的。

3. 心情乐观愉快

情绪健康的人当然也会有消极的情绪反应，但其积极的情绪反应多于消极的情绪反应，并且消极情绪反应的强度较弱、持续的时间较短。在消极情绪的持续过程中，不会无缘无故地牵涉无关的人和事。情绪健康的人敢于面对现实、承认现实、接受现实，有良好的环境适应能力，能协调和控制情绪，保持良好的心态。情绪健康的大学生热爱学习、热爱生活，悦纳他人也悦纳自己，给人以阳光积极的印象。

三、情绪对大学生的影响

（一）情绪对大学生身心健康的影响

现代生理学、心理学和医学的研究成果表明，情绪对人的身心健康具有直接影响。良好的情绪状态，不仅有利于学生的学习，而且也有益于学生的身心健康。现代医学研究证明，在患有生理疾病的人群中，70％的患者同时伴有心理问题。

若能保持愉快的心情，为人开朗乐观、积极向上，则人体免疫功能活跃旺盛，可以减少患病的机会，有益健康。不仅如此，良好的情绪能使大学生对生活充满希望，对自己满怀自信，能够使他们的求知欲增强、思维敏捷、富有创造力、爱好广泛、建立良好的人际关系，从而促进他们的全方位发展。

与此相反，消极的情绪对人的身心健康危害极大，在压抑、紧张、焦虑、恐惧等消极情绪的长期作用下，人的免疫能力会下降，容易患各种传染性疾病，内脏功能也会受到伤害。许多研究表明，消极情绪是健康的大敌。突然强烈的紧张情绪会影响大脑皮层的活动，抑制或破坏大脑皮层的兴奋及平衡，使人意识范围变窄、判断力减弱、失去理智和自制力。调查发现，大学生中常见的消化性溃疡、紧张性头痛和偏头痛、心律失常、月经失调、神经性皮炎等，都与消极情绪有关。

（二）情绪对大学生学业的影响

情绪不仅与大学生的身心健康有关，而且与大学生的潜能开发、学习效率有关。轻松、愉快、乐观的情绪状态，能强化人的智力活动，使人精力充沛、思维敏捷、记忆增强，也能使人的心理潜能得到充分发挥。研究发现，精神愉快、心情舒畅、紧张而轻松是思考和创造的最佳状态，能使人有效地进行智力活动。不少学生都有这样的体验：当自己的情绪积极乐观时，学习效率增倍；当消沉、忧郁、悲观时，会出现思路阻塞、操作迟缓、心不在焉、学习效率降低等情况。

（三）情绪对大学生人际关系的影响

大学生的情绪表现直接影响其人际关系，对建立和谐的人际关系有着重要的作用和意义。由于情绪具有感染性，良好的情绪积极而稳定。正面情绪大于负面情绪的人，在人群中更受欢迎，更容易获得别人的赞赏，容易形成良好的人际关系。心理学研究发现，在人际交往的过程中，人们往往喜欢那些喜欢自己的人，前者的喜欢似乎是后者喜欢的一种回报。这种现象在现实生活中就表现为：当一个大学生对他人表现出热情、真挚、友好情感时，这种情感通过表情等表达出来，他人也会给予同样的回应，从而有助于人际关系的良好发展；而当一个大学生对他人表现出冷漠、无情时，他人也往往会产生疏远、反感，甚至憎恶的情感，从而导致人际关系的不良发展。所以，大学生在人际交往中，要注重提高自身修养，学会适度控制与调节自己的情绪，做情绪的主人，才能拥有良好的人际关系。

（四）情绪对大学生行为目标的影响

情绪，是大学生成功的助燃剂。对于成功和成就，悲观者和乐观者有着不同的看法：悲观者会说"当我看见它我就相信它"；乐观者则说"当我相信它我就看到它。"正如桌子上的半杯水，乐观者认为是"半满"的，而悲观者认为是"半空"的。

积极的情绪可以使人感到精力充沛，工作、学习的效率特别高，人生目标也因此变得特别明确而不遥远；消极的情绪会使人感到难受，抑制人的活动能力，使人在活动中易感到精力不足、没有兴趣，降低人的自控能力和活动效率，使人遇事易冲动、不理智。人在消极情绪的影响下甚至会做出一些令自己后悔的事。

第三节　大学生常见不良情绪及调适

青春期是人生的重要时期，也是心理卫生保健的重要时期。处于青春期的大学生精力充沛、思维敏捷、感情丰富、自我意识强、有强烈的求知欲，他们敢于竞争、积极进取，逐渐形成了比较稳定的世界观和人生观。但是由于自身的能力和人生经验的限制，大学生在现代生活、学习和人际交往中经常会产生一些心理矛盾和情绪上的不稳定。因此，对自身情绪的控制与调节能力、良好的情绪和情感培养能力成为衡量现代大学生心理健康的重要标志。

一、大学生常见的不良情绪

（一）焦虑

焦虑，是一种伴随某种不祥预感产生的令人不愉快的情绪，是一种复杂的情绪状态。它包括紧张、不安、惧怕、烦躁、压抑等情绪体验。许多人说不出自己焦虑的原因。而研究表明，事情的不确定性是产生焦虑的根源。焦虑是大学生常见的情绪困扰。当他们在学习、生活各方面遭遇挫折或需要付出巨大努力的事情来临时，便会产生这种体验。大学生的焦虑情绪与人格特点、年龄阶段、生活事件、内心动机冲突和挫折等因素相关。大学生常见的焦虑有以下几种。

1. 适应困难的焦虑

因适应困难而产生焦虑是大学生，尤其是大学新生中比较常见的情绪问题。由于生活环境和学习方式的改变，大学生对新的环境难以很快适应，会引起各种焦虑反应。面对这些适应困难，首先要正确评价自己。其次，要掌握全新的学习方法，适应新的学习方式。最后，积极参加社会活动，端正对交往的认识。

2. 考试焦虑

考试焦虑，是担心自己考试失败有损自尊或渴望得到更好的分数而高度忧虑的一种负面情绪反应。考试焦虑的原因主要是不能正确对待考试，把考试分数看得过重，对以往考试的失败过于疑虑，过分敏感自尊又缺乏自信，担心因考试失败而影响自己形象，过于关心别人的复习状况和考试发挥，产生自卑和急躁情绪等。要想摆脱考试焦虑的困扰：首先，要正确认识和对待考试；其次，要做好充分的物质准备和心理准备；再次，要掌握自我调整的方法。

3. 关注身体健康的焦虑

由于学习紧张和脑力劳动较多，一些大学生会出现失眠、疲劳及各种躯体疾病，当他们对这些情况过分关注时，便可能出现焦虑现象。还有些大学生对遗精产生焦虑。要想克服这种焦虑：首先，要加强身体锻炼，调节身心健康；其次，学习生理卫生知识，正确认识生理现象。实际上，遗精是一种正常生理现象，应采取积极健康的方式转移注意力，改变对遗精的不正确认识是克服这种焦虑的关键。

除此之外，大学生的焦虑困扰还表现在其他方面，如择业焦虑、自我形象焦虑、贫困焦虑等。这些焦虑也会影响大学生的心境，给生活、学习带来负面影响。如果不及时觉察并积极调整，严重时就可能导致严重的身心危害。

如何对焦虑进行调适：一要端正对焦虑的认识，消除对焦虑的恐惧心理；二要分析引起焦虑的原因，有针对性地采取一些措施；三要注意劳逸结合，增强体育锻炼，养成良好的作息习惯。在学习生活中，不要急于求成，遇到烦心的事，可通过适当的方法倾诉或宣泄，使自己尽可能地放松。

较严重的焦虑情绪障碍者应接受心理咨询和治疗，必要时需在医生指导下服用一些抗焦虑药物。为了提高适应能力，大学生应通过学习一些缓解焦虑的放松技术以加强自我保健。放松技术简便易学，人人可做，在学习紧张劳累及考试、竞赛压力过大等情况下均可采用，对消除或缓解焦虑有很好的效果。常用的放松技术有深呼吸放松法、想象放松法、意守丹田法、全身松弛法等。

（二）抑郁

抑郁，是一种以情绪异常低落为表现的不愉快的情绪反应，它是一种复合性负面情绪。在令人忧伤或悲痛的情境中，每个人都有过抑郁的体验，是日常生活的一部分。与一般的悲伤不同，抑郁的体验和反应比单一的负面情绪更为强烈、持久，带给人的痛苦更大。抑郁除包括悲伤外，还会产生痛苦、愤怒、自罪感、羞愧等情绪，这种复合性是导致更强烈负面体验及长期持续的原因。

大学生抑郁情绪表现为强烈而持久的悲伤、忧虑、情绪低落，心境悲观冷漠。在自我认识评价方面表现为自我评价低、自卑、认为自己没有用处、生活毫无意义、未来没有希望、常自我责备甚至谴责，有自罪感；在生活方面，表现出对生活缺乏兴趣，没有喜欢或者想主动去做的事情、不愿与他人接近、回避社会生活。抑郁还伴有躯体方面的不适感觉、食欲下降、全身无力，失眠或早醒。从外表上看，抑郁者面容忧虑、心事重重、常叹息或哭泣、言语动作迟缓。某些抑郁情绪患者仅仅表现为躯体不适，且由于当事人不愿与人沟通，如果不加以关注，其消极的抑郁情绪体验不为外人所察觉。

抑郁症严重威胁到人的身心健康。据世界卫生组织在《疾病的全球负担》中指出：抑郁症是造成全球残疾类疾病的主要原因。有抑郁情绪的大学生性格往往内向孤僻、敏感多虑、不爱交往，在遇到一些负面事件时易陷入抑郁状态。所以，改变抑郁也需要从个性上进行调整。首先，要积极与人交往。可从事一些使人愉快的文体活动，培养活泼开朗乐观的性格。处在抑郁情绪状态的大学生往往过分关注自己的内心体验，缺少对外界事物和他人的关心。因此，摆脱抑郁最好的办法是让自己动起来、忙起来。其次，要改善认知。反思引起抑郁的因素是否合理，努力朝着有建设性的积极方向思索，可以安排比较愉快的事情以转移注意力。再次，要善待自己，热爱生活。享受生活是摆脱抑郁的良方，如吃顿美食、听音乐、逛街、旅游等。最后，要学会幽默。幽默能活跃气氛，使生活充满情趣，从而改善抑郁情绪。

（三）愤怒

愤怒，是喜、怒、悲、恐四大原始情绪或基本情绪之一。它是由于客观事物与主观愿望相违背，或愿望不能实现并一再受挫时产生的激烈情绪反应。

处于情感丰富、精力充沛、血气方刚的青年时期的大学生，在情绪发展上往往容易产生好激动、易动怒的特点。例如：有的大学生会因一句刺耳的话或一件不顺心的小事而暴跳如雷；有的会因人际协调受阻而怒不可遏、恶语伤人；有的会因别人的观点或意见与自己相左而恼羞成怒；有的会因一时的成功、得意而忘乎所以；有的则因暂时的挫折或失败而悲观失望、痛不欲生。如此种种，遇事缺乏冷静的分析与思考，图一时之快，逞一时之勇的好激动、易动怒的不良情绪特点，在一些大学生身上时有体现。古希腊哲学家毕达哥拉斯曾说："愤怒以愚蠢开始，以后悔结束。"所以大学生对愤怒这种消极情绪的危害性要有清楚的认识。

要想有效地缓解冲动、克制愤怒。首先，要学会尊重人、宽容人，可以做一些积极的心理暗示，如心中默念"别生气，这不值得发火""发火是愚蠢的，解决不了任何问题"。其次，可以转移目标。当愤怒发生时，可以转移注意力或暂时离开现场，设法让自己冷静下来，给自己一点时间去反思自己的情绪状态，想一想如何适当地表达并解决问题。最后，应着眼未来，使之升华，变成成就事业的强大动力。

（四）嫉妒

嫉妒，是指他人在某些方面胜过自己而引起的不快甚至是痛苦的情绪体验。嫉妒是一种复杂的情绪体验，是个体自尊心的一种异常表现。在日常生活中，嫉妒的存在是很普遍的。英国哲学家培根说："在人类的一切情欲中，嫉妒之情恐怕要算作最顽强、最持久的。"当看到别人比自己强时，心里就酸溜溜的不是滋味，于是产生一种包含着憎恶与羡慕、愤怒与怨恨、猜嫌与失望、屈辱与虚荣、伤心与悲痛的复杂情感，这种情感就是嫉妒。嫉妒者不能容忍别人超过自己，害怕别人得到自己无法得到的名誉、地位等。在他看来，自己办不到的事别人也不要办成，自己得不到的东西，别人也不要得到。

嫉妒在大学生中普遍存在。具体表现为：当看到他人的学识能力、品行荣誉，甚至穿着打扮超过自己时，则内心产生不平、痛苦、愤怒等感觉；当他人身陷不幸或处于困境时则幸灾乐祸，甚至落井下石，在人后恶语中伤、诽谤。首先，嫉妒心强的大学生容易得身心疾病。他们长期处于不良的情绪状态中，会产生压抑感，容易引起忧愁、消沉、怀疑、痛苦、自卑等消极情绪，严重损害身心健康。其次，嫉妒会影响大学生自我发展，降低其学习的效率。最后，嫉妒心强的大学生结交不到知心朋友。嫉妒心强的人往往事事好胜，常想方设法阻止别人的发展，总想压倒别人。这可能使同学们都想躲开他，不愿与他交往，从而给自己造成一个不良的人际关系氛围，感到孤独、寂寞。

大学生要如何避免嫉妒？首先，要用积极的方法，取他人之长，向对方学习，奋发向上，在自己的努力中逐步打消嫉妒的念头。其次，要磨练意志，时常自我反省。再次，要以豁达的态度看待一切，舍弃无用的意念，尽量使自己面对现实。最后，可以分析自己嫉妒别人的原因，思考是否值得去嫉妒，抛开自己的立场，客观地去观察。并且要仔细想一想"嫉妒别人，使他失去了什么？又使自己得到了什么？"经过这样的比较分析，便会明白"与其嫉妒别人，不如完善自己。"

（五）冷漠

冷漠，是指人对外界刺激缺乏相应的情感反应，对生活中的悲欢离合都无动于衷。具体表现为凡事漠不关心、冷淡、退让的消极情绪体验。日本心理学家松原达哉教授形容此情绪状态的学生是无欲望、无关心、无气力的"三无"学生。

冷漠是压抑内心情感情绪的一种消极逃避反应。例如：有的大学生对周围的人和事漠不关心，对集体和同学态度冷淡，对自己的前途命运、国家大事等漠然置之，似乎自己已看破红尘、超凡脱俗。于是，把自己游离于社会群体之外，独来独往，对各种刺激无动于衷。从表面上看，虽表现为平静、冷漠，但内心却往往有强烈的痛苦、孤寂和压抑感。如果大学生长时间处于这种情绪状态下，巨大的心理能量无法释放，超过了一定限度时，就会以排山倒海的形式爆发出来，使心理平衡遭到破坏，影响身心健康。

冷漠是在个体不堪承受挫折压力，攻击行为无效或无法实施，又看不到改变境遇的情况下产生的。因此，要想克服冷漠，最根本的是改变认知：发现生活的意义，发现自我的价值，改变长此以往形成的对人生消极的看法；从行为上，积极投身各种有意义的活动中，融入集体中，进行积极的自我暗示与自我提升；正确认识自我与他人、个体与社会，并不断矫正自己的非理性观念。

二、不良情绪的调适方法

大学生在感受负面情绪时，出现比较多的是从认识上加以忽视和从行为上加以抑制；在感受正面情绪时，出现比较多的是从认识上加以重视和从行为上给予宣泄。这说明人们对负面情绪具有减弱倾向，对正面情绪具有增强倾向。给不良情绪找个出口，增加积极情绪体验，对情绪保持适当的控制，是保持良好心态的重要保证。

（一）认知调控法

情绪反应产生于主体认识到刺激的意义和价值之后，对同一刺激的不同评价将会引起不同的情绪反应。所以可以用调整、改变认知的方法调控情绪反应和行为。例如，之所以出现考试紧张，是因为认识到考试很重要，考不好会被人看不起，担心出现不及格、补考等可怕的后果。这时可以自我言语暗示放松紧张情绪，如果认识到考差一点关系不大，紧张情绪就会缓解。

可见，认知调控是指当个人出现不适度、不恰当的情绪反应时，理智地分析和评价所处的情境，分析形势，厘清思路，冷静地做出应对。认知调控的关键是控制与即时情绪反应同时出现的认知和想象。例如，当人非常愤怒时，常会做出过激行为，如果此时能够告诫自己冷静分析一下动怒的原因、可能的解决办法，可使过分的反应平静，从而找到解决问题的恰当方式。

认知调控方法在实际应用时可分为以下两步。首先，分析刺激的性质与程度。人类的情绪反应是进化选择的结果，有利于种族的生存与发展，是驱动我们应对环境、即刻反应的本能冲动。虽然伴有认知的过程和结果，但即刻的认知往往笼统、模糊，其诱发的反应往往强烈。冷静分析问题所在，可以即时调控过度的情绪反应。其次，寻找多种解决问题的方案，比较后择优而行。情绪引发的即刻反应往往是冲动性的本能反应。有时可以帮助我们脱离险境，如室内失火时夺门而出以避险；有时则会导致灾难性后果，如高层建筑失火时从窗户往下跳。很多问题都有多种可能的解决方案，寻找最佳方法至关重要，而冷静的思考是前提。

认知调控方法的原理在于认知对情绪有整合作用。认知和情绪分别由大脑的不同部位控制，控制情绪的是大脑较原始的部分，控制认知的是大脑在情绪中枢之上发展起来的新皮质部分。大脑控制的情绪反应速度快，但内容较原始；皮质控制的认知反应稍迟于情绪反应，但其内容更理智，能够整合情绪反应。

（二）情绪宣泄法

宣泄是心理能量的急剧释放，是调节心理平衡的一种重要方式。当一个人的心理能量过度积累时，和风细雨的方式已不能达到快速释放的目的，而且也不是所有人在所有情况下都能做到按部就班地释放情感，这时情绪宣泄就是非常必要的。

情绪宣泄方法，是指在青年人处于较激烈的情绪状态时，允许自己直接或者间接表达其情绪体验与反应。简单而言，即高兴就笑，伤心就哭。"男儿有泪不轻弹"不符合情绪调控的宣泄方法，不值得提倡。坦率地表达内心强烈的情绪，如愤怒、苦闷、抑郁情绪，心情会舒畅些，压力会小些，与情绪体验同步产生的生理改变将较快地恢复正常。所以，为了心理健康，该哭就哭吧。

情绪宣泄方法可以分为直接宣泄法与间接宣泄法。直接宣泄法是在刺激引发情绪反应之后，及时表达自己的内心感受。例如：遭遇到不公平对待，马上提出来；被人伤害后，直接告诉对方自己很生气，要求对方赔礼道歉。间接宣泄法是在脱离引发强烈情绪的情境之后，向与情境无关的人表达当时的内心感受，发泄自己的愤怒、悲痛等体验。例如，在受到欺侮后，向家人或能够主持公道的人倾诉，以平息激烈的情绪活动。情绪宣泄的方法也有"度"的问题，不能把合理的情绪宣泄理解为激烈的情绪发泄。情绪发泄，是指在激情状态下，由于自我控制能力不强，以暴力或其他不恰当的方式发泄情绪，其后果往往很严重，不利于问题的解决，反而会引发新的问题。例如，青年人之间发生矛盾，可能会出手打架伤人，一时的痛快会招来事后的悔恨。所以情绪宣泄的原则和方法都必须强调其合理性，而不是一味地发泄情绪。

（三）活动转移法

活动转移法，是指在处于情绪困境时，暂时将问题放下，从事所喜爱的活动以转变情绪体验的性质，达到调控情绪的目的。事实证明音乐是调控情绪的最佳方式之一。欢快有力的节奏能使情绪消沉者振奋，轻松优美的旋律能让紧张不安者松弛。大学生可以学习乐器和音乐创作，把内心的体验转化为心灵的曲调，并从中获得成功的体验。

体育活动也是转移调控情绪的良好方法。当情绪状态不佳时，游山玩水、打球下棋都是极好的情绪调控手段。体育活动既可以松弛紧张情绪，又可以消耗体力，使消沉者活跃、激愤者平静，达到平衡情绪的目的。

活动转移法按其转移的方向可分为两类：一是消极地转移，二是积极地转移。消极地转移是指情绪不佳时，转而去吸烟、酗酒，甚至自暴自弃。这是青年人应该努力避免的转移方向。积极地转移是指把时间、精力从消极情绪体验中转向有利于个人和人类幸福及未来发展的方向上，如勤奋学习、从事研究等。积极地转移应是青年人调控情绪努力的方向。

活动转移法之所以有效，其原因有三：一是新的活动是青年人所喜爱的，从事该类活动，青年人马上可以感受愉悦；二是活动的成功有利于帮助青年寻找自我价值所在，重获自尊；三是每个人的时间、精力有限，用于一件事多些，用于其他事自然就少些，无暇再深刻体验负面情绪。

（四）放松训练法

放松训练又称为松弛反应训练，是一种通过肌体的主动放松增强人对自我情绪控制能力的有效方法。它的基本原理是通过训练放松所产生的躯体反应，如减轻肌肉紧张、减慢呼吸节律和使心律减慢等，达到缓解焦虑情绪的目的。

具体的操作步骤如下（此方法最好是在老师的指导下进行）。

在一个较为安静的环境中，舒适地坐（或仰卧）在沙发上或躺在床上。

步骤一：让自己初步体验肌肉的紧张。操作要领如下。

①伸直并绷紧双臂，握拳。

②绷紧双臂肌肉，握紧双拳，用力，并保持数秒钟。

③放松双臂，松拳，放松休息数分钟。

步骤二：在上一步骤的基础上进一步绷紧肌肉。操作要领如下。

①伸直双臂，握拳。

②伸直并绷紧双腿，双脚脚尖内勾，呈倒钩式。

③上述各部位肌肉同时用力，并保持数秒钟。

④放松上述各部位的肌肉，放松休息数分钟。

步骤三：在前两个步骤的基础上达到全身肌肉的紧张。操作要领如下。

①伸直双臂，握拳。

②伸直并绷紧双腿，双脚脚尖内勾，同时紧皱前额部肌肉，紧耸眉头，紧闭双眼，皱起鼻子和脸颊，咬紧牙关，紧收下颚，紧闭双唇，紧绷两腮，挺直脖子，胸部、腹部肌肉绷紧，躯干用力挺起。

③全身各部分用力绷紧，并保持数秒钟。

④放松上述各部的肌肉，放松休息数分钟。

步骤四：在全身肌肉紧张的前提下，配合呼吸，加强对紧张的体验。操作要领如下。

①深吸一口气（用腹式呼吸），憋住气。

②伸直双臂，握拳，头向后挺，伸直并绷紧双腿，双脚脚尖内勾，胸部、腹部肌肉绷紧。

③屏住呼吸，全身各部分用力绷紧并保持，直至身体和呼吸的最后极限。

④放松呼吸，并放松上述各部的肌肉。

步骤五：紧接步骤四，指导语暗示全身的肌肉、呼吸乃至身心放松。操作要领如下。

①肌肉放松指导语：头部肌肉放松，面部肌肉放松，脖子放松，双肩放松，双臂放松，双手放松，手指放松，腮帮放松，腹部放松，双腿放松，双脚放松，脚趾放松。

②呼吸放松指导语：呼吸在放慢，变得越来越慢、越来越深、越来越沉。

③身心放松指导语：你会感到身体变得很沉、很重，全身感到越来越沉、

越来越重，感到全身很累、很疲倦，好像有一种昏昏欲睡的感觉，自己什么都不去想、什么都不愿意想，感到心情很放松。

步骤六：让自己体验此时此地的放松感受。

放松训练结束。

（五）音乐调节法

对有烦恼的大学生来说，学会欣赏音乐，不但可以改善自己不好的心情与态度，还会提高自己的艺术修养，陶冶自己的情操。

当然，音乐调节的效果，还受各人文化素养的制约。不同的个体因不同的个性特点、心情、时间和场合而对乐曲有所选择。例如：节奏感强的乐曲适合忧郁、好静、少动的人；旋律优美的乐曲适合兴奋、多动、焦虑不安的人。总之，当你有心理烦恼时，听一首喜爱的音乐，会对你的心情起到放松和愉悦的作用。

（六）寻求帮助法

大学生在陷入较严重的情绪障碍时，有必要向社会支持系统寻求帮助。每个大学生都应该建立自己的社会支持系统，有能够在心理方面给予自己支持、帮助的社会网络，如亲人、朋友、专业的社会工作者、心理医生等。社会支持系统的存在有多方面的意义。

①社会支持系统是倾诉的对象，苦恼的人将苦恼向他人倾诉之后，会有轻松解脱的感觉，青年人应该经常利用这种情绪调控手段。

②社会支持系统能提供新的看问题的视角和思路，帮助当事人走出个人习惯的思维模式，重新评价困境，寻找新的出路。

③社会工作者和心理医生可以提供专业意见、建议，运用心理学手段和方法帮助大学生更有效地解除情绪障碍。

（七）学会饮食调节

科学家们已经证实，食物和情绪有着密切的关系。食用碳水化合物能起到镇静作用，因为碳水化合物可以刺激大脑产生一种神经递质，使人感到平静和松弛。相反，摄入浓茶和过多的咖啡，会引起入睡困难、情绪波动等现象。过多的咖啡因，可使人产生抑郁、焦虑、烦躁不安的情绪。所以在情绪长期不稳定、心烦意乱时可通过食物进行调整，这样会起到一定的改善作用。

第八章　大学生压力管理与挫折应对

第一节　大学生压力概述

"人有悲欢离合，月有阴晴圆缺，此事古难全。"人人都希望自己能够一帆风顺、万事如意，但压力和挫折却总是不可避免的。成功固然可贵，但失败也并非毫无意义。对于大学生而言，适度的压力是他们前进的动力。因此，正确地认识与对待压力，有效地管理压力，是成功人生的必经之路。

一、压力的内涵及成因

压力这一概念最早在 1936 年由加拿大著名内分泌专家汉斯·塞利博士提出，他因此被誉为"压力之父"。

压力可以分为两类：内部压力和外部压力。内部压力来自人的体内，包括人的态度、思想和情感，它能使人的压力变得更为严重；外部压力来自人的体外，包括学习、工作、就业、人际关系、家庭、金钱及健康情况等，这些压力是客观存在的。

（一）压力的内涵

压力也称为应激，国内研究人员对压力有三种不同的定义。

第一种，压力是指那些使人感到紧张的事件或环境的刺激。比如，一份任务量很大或者要求工作者的工作效率极高的工作，这件工作本身即为能够给人带来压力的事物或环境。这件事物本身即为压力。

第二种，压力指的是一种个体自身的身心反应。比如，在参加演讲比赛前，有人觉得压力很大，担心自己演讲表现不好，这里的压力就是他对演讲比赛的反应。这种身心反应在个体身上会表现出一种状态，即为压力状态。

压力状态包括两个成分：一是心理成分，包括个人的行为、思维及情绪等主观体验，也就是使人感到紧张的一种心理状态；二是生理成分，包括心跳加速、口干舌燥、胃部紧缩、手心出汗等身体反应，也就是身体因处在压力状态下表现出的生理反应。

第三种，压力是一个过程。这种定义强调压力不只是一种刺激或者反应，而是一个过程。在这个过程中，个体是一个可以通过行为、认知、情绪等策略改变刺激本身带来冲击的主动行动者。压力过程包括压力的刺激、压力状态及情境。压力的刺激即造成压力的事物本身带给个体的刺激；压力状态是指个体在接收到刺激后所呈现的一种状态；情境是指个体与产生压力的事物或环境相互影响的关系。根据这种说法，不同的个体在受到相同的压力刺激时所表现出的压力状态可能不同，处于不同的压力状态时会选择不同的应对方式，采用不同的应对方式面对压力，个体的压力过程也就不同。实际上，人们所感受到的压力大小，绝大多数情况下并不源于压力事件本身，而源于个体对待压力的过程。

（二）压力的成因

压力产生的原因可称为压力源或应激源。压力与我们的生活密切联系并且无处不在，广泛地存在于学习生活当中。有些压力源是稍纵即逝的，它能引起瞬间的兴奋和欢欣；有些压力源则维持很长时间，会造成习惯性的高压反应，使人经常处于一种戒备状态，从而导致疲乏。

1. 压力产生的因素

心理学家研究表明，压力产生的因素主要有三个方面。一是内部因素，内心的挫折感和冲突感是压力最主要的内部因素。面对同样的事件，个体不同的个性特征、不同的挫折经验决定了其对压力的感受也不同。二是环境因素。环境又分为宏观环境和微观环境：宏观环境主要是指国际国内政治、经济、教育文化、就业、制度等诸多关乎国计民生发展的情况；微观环境主要指个体的近环境，包括生活氛围、学习氛围、人际关系氛围等情况。相对而言，微观环境对人的影响更直接、更持久，所形成的压力也就更大。比如，大学生由于恋爱失败、与寝室同学关系不融洽、学习成绩不理想等原因导致的心理压力远远比就业压力、升学压力、当地经济落后等因素导致的心理压力要直接、持久及痛苦。第三个因素是指个体与环境间的相互作用。事实上，压力产生的过程是一个动态的过程，不存在一种绝对压力，压力的大小是个体与环境多次相互作用的产物。

2. 压力理论

经过许多研究者多方面的探讨和努力，到目前为止，关于压力过程中个体与环境的相互作用形成了生理学、社会学和心理学三个取向，即有关学者从三个不同的学科角度解释压力产生的原因。

第一种叫作"紧急备战"，即生理学对压力产生的经典解释。生理学取向强调压力是机体为直接应对生理和心理两方面的要求，而由生理组织、结构和系统做出的反应。其中，美国哈佛大学生理学家坎农提出的应急反应学说具有特别重要的意义。他认为，"压力"是指超过一定临界阈值后，破坏机体内环境平衡的一切物理、化学和情感刺激。他观察了在实验条件下经受寒冷、缺氧、失血的个体的表现并第一次将"战斗或逃避"反应描述为当人们面对恐惧或危险时所产生的一系列生物化学变化的过程。他发现，当个体处于危险状况时，神经与腺体会进行一系列活动，使个体产生充分的能力以准备对抗危险或逃避危险。这个过程包含一个复杂的交互作用，即交感神经系统的唤醒与肾上腺分泌的激素之间的交互作用，这个时候，个体就处于压力之下。

第二种叫作"刺激性事件"，即社会学对压力产生的经典解释。社会学取向强调人类许多疾病的发生是外界环境中的压力源所导致，而且这些压力源起到了重要的致病作用。也可以说，现实生活中的工作、学习、人际关系和家庭生活所带来的种种问题，经常使人处于压力状态下，这些极有可能是影响人们身体健康的重要因素。20世纪30年代，美国精神病学家迈耶最早研究导致人们生病的生活事件因素。后来，沃尔夫进一步提出了社会生活压力的概念。他指出，生活方式或人际关系的改变、内心需求不能得到满足会引起人的压力反应。到了20世纪70年代，莱维等提出了社会心理因素可成为机体的压力源，从而导致躯体发生疾病。20 世纪 80 年代以后，研究从关注具体生活事件的损伤效应转到长期压力源对人身体健康的慢性损害效应。同时，研究者也注意到，个体在面对适应性压力事件时如果能够得到社会支持、增强自我效能感和自尊感，可获得积极的结果。

第三种叫作"全身适应综合征"，即心理学对压力产生的经典解释。心理学取向强调人和环境的特定关系，强调机体对客观环境经验造成的潜在伤害的知觉和评价。比较著名的该观点的支持者是汉斯·塞利。他认为，人类对于压力的反应大体上要经过三个阶段：警觉反应阶段、抗拒阶段、衰竭阶段。警觉反应阶段是指有机体在受到外界刺激时会通过自身生理功能的变化和调节来进行适应性防御；抗拒阶段有机体会通过心率和呼吸加快、血压升高、血糖增加等变化，充分动员人体的潜能以应对环境的突变；衰竭阶段是指如果引起紧张的刺激继续存在，而此时必需的适应能力已经用尽，机体会被其自身的防御力量所损害，导致适应性疾病甚至死亡。心理学对压力产生的其他权威解释还有西蒙提出的除特定的环境刺激外（如极端的温度、污染、噪声），大多数压力是人们自己判定为对他构成威胁的人或情境；拉扎罗斯提出的"需求与压力源之间不匹配"导致的压力，他将压力来源定义为真实存在的或知觉到的心理社会压力，主张在人与环境的相互作用中，两个认知过程很重要，即评价和应对。他的理论的核心内容是：压力既不是环境刺激也不是一个反应，而是需求与理性地应对这些需求之间的联系。

（三）影响压力的因素

生活中压力是自然的、不可避免的，不良的刺激会引起压力，愉悦的刺激也会带来压力。但每个人感受到的压力是不同的，人们对压力的反应有显著的个体差异，即使是同样的刺激，不同的人，压力感也不同。这取决于个体的认知、评价，以及起调节作用的个性心理特征、个性倾向性和社会支持、个体健康状况等因素。研究表明，影响人压力感的因素主要有以下五个方面。

1. 经验

在面对同一事件或情境时，经验会影响人们对压力的感受。比如：同样参加跳伞运动，有过100次跳伞经验的人不但恐惧感小，而且会自觉地控制情绪；而没有跳伞经验的人在整个跳伞过程中恐惧感强，并且越接近起跳越害怕。

2. 准备状态

对即将面临的压力事件是否有心理准备也会影响压力的感受。心理学家曾对两组即将接受手术的患者进行实验。对第一组患者在术前向其讲明手术的过程及后果，使患者明确手术带来的痛苦为正常现象。结果显示，第一组患者能够坦然接受手术带来的痛苦及不适并进行自我调节，术后恢复良好。对第二组患者在术前不做特别介绍，患者对手术一无所知。结果显示，第二组患者对手术带来的痛苦和不适表现出了过分的担忧，对手术是否成功持怀疑态度，术后恢复效果明显不如第一组患者。第一组患者在术后恢复过程中用的止痛药明显比第二组少，而且平均提前三天出院。

3. 认知

认知评估在增加压力感和缓解压力感中起着重要作用。当压力出现时，一个人在没有任何实际的压力反应之前会先辨认和评价压力，如果个体把压力的威胁性估计得过大，对自己应对压力的能力估计得过低，那么压力感就会很大。例如，在安静的书房看书，忽然听到走廊里响起一串脚步声，如果认为是将要入室抢劫的坏人来了，就会感到惊慌恐惧，但如果认为是朋友来家里拜访，就会感到轻松愉快。正如一位哲学家所说：人类不是被问题本身所困扰，而是被他们对问题的看法所困扰。

4. 性格

不同性格特征的人对压力的感受是不同的。研究人员将人的性格分为A型和B型两种类型：A型性格的人竞争意识强、工作努力奋斗、争强好胜、缺乏耐心、成就动机高、说话办事讲求效率、时间紧迫感强、成天忙忙碌碌；B型性格的人个性随和、生活悠闲、对工作要求不高、对成败得失淡薄。这两种类型的人在面对相同压力时，A型性格的人性格中的不利因素就会显现出来，压力反应明显比B型性格的人强烈。除此之外，研究人员还发现A型性格与冠心病有密切的关系，研究表明A型性格的人患心脏病的概率是 B 型性格的人的 2 倍至 3 倍。

5. 环境

一个人的压力来源与他所处的环境有直接关系。工作过度、角色不明、支持不足、沟通不良等都会使人产生压力。家庭的压力常常来自夫妻关系、亲子关系、经济问题等。工作的压力常常来自工作量、同事关系、上下级关系等。如果工作不顺心、家庭环境压抑，来自环境的压力就会使人感到不适，甚至引发心理疾病；如果工作称心如意、家庭和睦美满，则会使人心情舒畅、身心健康。

（四）大学生面临的主要压力

1. 来自社会的压力

目前我们所处的社会，是高度变化的社会，很多事物迅速产生又迅速过时。《哈佛商业评论》指出，当今世界知识每 7 年至 10 年翻一番，工科大学生在迈出校门时就会发现，他们在学校中所学的 50 ％的知识已经过时。大学生是处于成熟与不成熟、独立与不独立之间的一个特殊群体，特定的时代背景使他们承受着更加严峻的挑战。他们一方面必须掌握最基本的专业知识，同时还要具备信息时代获取新知识的基本素质；另一方面必须拥有创新意识和创新能力，同时还必须塑造能够融入和谐社会的健全人格。如此一来，刚刚"千军万马过独木桥"进入大学的大学生来不及喘息便又背上了沉重的精神负担。

2. 来自学习的压力

大学生作为学生，学习是天职。经历了高考，走过了万马穿行的独木桥，多多少少会想在大学"放松一下"。可是英语四六级、计算机等级考试，以及随着方兴未艾的考研热、考博热、出国热等而来的大小不一的考试让他们又回到了为考试而奔波的时光。学习好的学生要争取奖学金，要不断地赶超自我、赶超别人，不断地给自己制定更高的要求；学习不怎么好的学生要为考试通过而拼搏，要为 60 分而努力。特别是英语四六级、计算机等级考试等今后就业的入门招牌成为众人追逐的目标，本科就业前景不佳、考研热的不断升温又给处于学习压力中的学子加上了一个沉重的包袱。

3. 来自生活的压力

目前，大学生多数为独生子女，从小受到"高考"指挥棒的无形影响，学习就是一切，长期忽视一般人都应该具备的基本生活技能。不少人缺乏自理和自律的能力，很多人不会生活，不善于独立生活和为人处世。面对挫折和新的复杂的环境，他们往往缺乏相应的自我调节能力，因而也就感受到了生活带来的压力。

4. 来自情感的压力

爱情、友情、亲情是大学生情感方面的三个重要因素。大学生第一次离开家乡来到一个新的环境，父母不在身边，自理能力差，不善于交际，很容易产生孤独感。大学生随着年龄的增长，变得更有主见，开始讨厌父母的唠叨，尤其当其与家长意见不合时，与家长的沟通变得越来越少，甚至有些人与父母的联系仅限于经济供给而非情感沟通。大学生正处在生理与心理快速发展的时期，初尝爱情滋味的大学生与恋人的关系更为亲密，有些大学生甚至将所有的情感全部都寄托在爱情中，当大学生恋情失败又得不到有效排解的时候，有些心理承受能力差的学生会选择走极端。

5. 来自就业的压力

就业是大学生最为关注的一个话题，也是其形成压力的主要原因。当今时代的一个重要特征便是竞争加剧。竞争择业、竞争上岗、适者生存、不适者淘汰，整个社会处于激烈的竞争当中。连续多年的扩招也加大了大学生竞争就业的难度，尤其在大学生、研究生择业相当集中的单位（三资企业、大专院校、科研单位、党政机关）及择业相当集中的地区（北京、上海及沿海发达地区），就业局面相当严峻。

6. 来自经济的压力

一些来自贫困地区、贫困家庭的大学生，其家庭在负担其上大学的费用后，经济压力增大、生活困难，甚至难以维持生计。贫困大学生倾注了父母甚至全村父老乡亲的厚望，因而生怕自己学不好，无颜面对"江东父老"。所以，贫困生在大学期间往往更容易产生心理压力，他们在受到挫折或经历失败时更容易感到焦虑不安，甚至对前途感到悲观失望，更严重的会演变成"心理疾病"。贫困生由于生活拮据，没有经济能力应对人际交往，拒绝参加校园文化活动，且有较多贫困生从小因家庭条件形成了内向的性格，不善交际、不善于表达自己的情感。而与此相对应的是经济实力强的同学穿名牌、进饭店，出手大方、交友广泛、关系活络，在校园里风光一时。相比之下，贫困生相形见绌，自感寒酸，自卑心理油然而生，这样更容易导致其在人际交往中以失败告终，变得更加内向和压抑。

7. 来自家庭的压力

大学是塑造世界观、人生观、价值观的重要时期。有些大学生由于原生家庭的一些问题，如离异家庭、家庭环境不和谐、单亲家庭等，对一些事物的认识有所歪曲，甚至有些学生会因为觉得自己的家庭不如别人而产生自卑心理，从而产生一定的心理压力。

8. 来自自我认知的压力

自我认知压力是一个心理学上的定义，也是一个自我认识、自我定位的问题。最了解自己的人是自己，而往往最不了解自己的人也是自己，这是个矛盾的命题。想要客观地给自己一个准确的自我定位不是件容易的事情。大学生在没有就业之前普遍对自己有过高的估计，一旦真正进入社会，站在就业大军的队伍中，就会感到明显的实力不足，这种落差会给大学生造成心理上的压力。

在现实生活中，要想完全避免压力是不可能的。很多时候，适度的压力是一种动力来源，会促发或增强一些正向的行为反应，如寻求他人支持、学习处理压力的技巧，这对个体的学习、工作有促进作用。但压力过大或过久，都会引发不良的行为反应，如谈话结巴、动作刻板、过度饮食、攻击行为、失眠等。大学生作为一个生理和心理上都已基本成熟的个体，如何正确地处理这些学习和生活上的种种压力，是其必修的一门课程。

二、大学生压力应对方式的特点

大学与中学不同，大学生已不再生活在与社会隔绝的象牙塔里，而是需要面对校园里的压力和挑战。同时，大学生也要面向社会、面向未来，不断提高压力的承受能力，学会适应迅速变化的社会，以应对纷繁复杂的种种挑战。大学阶段是人生中极不寻常的一段时期，处在这一时期的大学生需要学会认识压力、应对压力，进而以更加积极的姿态适应校园生活，从而为自己步入社会做好准备。大学生群体有着自身显著的特点，大学生在应对压力时也有其自身的特点。

（一）大学生压力应对方式的特点与我国的传统文化密切相关

研究发现，大学生在面对压力时各项应对方式的使用顺序依次为解决、忍耐、转移、求助、压抑、逃避、幻想、抱怨、退缩。其中，忍耐居第二位，仅次于问题解决，这表明大学生在面临困境时常采用忍耐的应对方式。在中国传统文化的为人处世之道中，"忍"占据重要地位。元代学者吴亮、许名奎曾收集经史语句编著《忍经》（亦名《劝忍百箴》），流传后世。《忍经》告诫人们生活中不如意常在，务必要顾全大局，从长远利益出发，学会忍耐。所以忍耐在某些情况下是一种比较成熟的应对方式。这也正说明大学生随着年龄的增长、对生活认识的逐步加深，其应对方式逐渐走向成熟。另外，某些大学生采用的压抑、逃避等消极应对方式也能在中国的传统文化中找到根源，但过度的压抑和逃避不仅不会解决问题，还会带来更多的麻烦。

（二）整体以积极的应对方式为主

在我国，大学生在应对压力时，更倾向于采用积极、健康、具有适应性的方式应对，而较少使用消极、非适应性的方式。研究表明：大学生在应对压力时以问题解决、忍耐、转移和求助等积极的应对方式为主，而较少采用压抑、逃避、幻想等消极的应对方式；大学生的压力应对方式总体上以心理调节机制为主，自我防御和外部疏导机制使用较少。但某些大学生的应对方式仍不尽乐观，有的受多种因素影响，如缺乏有效社会支持、人格缺陷等，就会采用消极应对方式，甚至导致中途退学、自杀等悲剧。

（三）高年级学生倾向于消极应对方式

研究表明，在面对压力时，高年级大学生在总体上比低年级大学生更多采用逃避、抱怨等应对方式，这种现象的出现主要有以下两方面原因。

1. 个体因素

高年级大学生随着年龄的增长，个体的防御机制慢慢增强，无论是"听天由命"还是"运气不好"，都是他们找各种各样的借口推卸责任的反映，以维护受到威胁的自尊。

2. 环境因素

个人防御机制的应用，除与其成熟程度有关外，还与其所处的环境、所遭受的刺激、人际关系、社会支持等因素有关。高年级的大学生比低年级的大学生面临的学业紧张、就业困难、经济问题、情感困扰等压力更多且更复杂，这些都会不同程度地影响高年级大学生防御机制的应用。

第二节 大学生挫折概述

在现实生活中，每个人都可能陷入挫折境遇，挫折感多了，自然就形成了心理压力。古人云"人生逆境十有八九"，在我们的一生中难免会遇到这样或那样的挫折。但与此同时，我们也不能忽略挫折在我们的成长过程中的积极作用。挫折能让我们明白，流水只有在碰到障碍时才会解放活力。

一、挫折的内涵及成因

（一）挫折的内涵

心理学上的"挫折"一词是指人在从事有目的的活动中，遭到障碍或干扰，致使预期的动机不能实现、需要无法满足而产生的一种焦急、紧张、沮丧或失意的情绪状态。由此可见，它有别于我们日常生活中所讲的挫折，它并不是障碍、干扰等客观事实本身或情境，而是一种对需求不满足的主观感受和体验。因此，面对同一障碍并非每个人都有挫折感，在同样的障碍面前人们的心理状态也不一样，即使产生了挫折感，人的感受程度也是不一样的。

构成挫折的主要因素有以下五个方面。一是从事有目的的活动及产生的预期动机和需要。二是在动机驱使下有目的的行为。三是挫折情境，即客观上或个体主观上认定的阻碍或实现目标的情境状态或条件。四是挫折认知，即个体对挫折情境的知觉、认识和评价。挫折认知是构成挫折的核心要素，一种挫折情境能否引起个体主观感受上的挫折感及所引起挫折感的强弱，很大程度上取决于挫折认知。五是挫折反应，即伴随挫折认知产生的情绪体验和行为反应，可表现为紧张、焦虑、愤怒等，是挫折情绪的外在表现。

（二）挫折的成因

造成挫折的原因有外界因素和个人因素，是多方面且复杂的。挫折的形成与自然环境、社会环境、自身条件及动机冲突等多种因素有关。能给个体带来限制与阻碍，使个体的需要和目标不能满足和实现的因素主要有以下四大类。

1. 自然因素

自然因素指由不可抗拒的力量导致的一些限制与阻碍，如地震、洪水、交通事故、疾病、死亡等。自然因素造成的挫折随时都有可能遇到，其后果可能很严重，也可能不严重，可能是暂时的影响，也可能是长久的打击。

2. 社会因素

社会因素指个人在社会生活中受到的各种人为因素的限制与阻碍，如政治、经济、法律、道德、宗教、风俗习惯等。社会因素造成的挫折是普遍存在的。当前，随着科学技术的飞速发展，社会生活节奏不断加快，生存竞争日益加剧，人们的紧张感和心理压力越来越大，挫折感也就不断增强。

3. 个体因素

个体因身高、体形、容貌、知识结构、健康状况、表达能力、自我期望、经济条件等因素的阻碍和限制，使自身的需要和目标不能满足和实现，也会产生挫败感。

4. 动机冲突因素

人们在现实生活中，各种需要所伴随的多个动机及指向的多个目标，由于种种条件的限制不可能全部实现而必须有所选择取舍时形成的动机相互排斥，也会造成挫折感。

动机冲突在每个人的日常生活中经常出现，其表现形式主要有双趋冲突、双避冲突、趋避冲突和多重趋避冲突四种。双趋冲突是指人在有目的的活动中，同时有两个并存的且具有同样吸引力的目标，而这两个目标因条件所限无法同时实现，从而产生的难以取舍的冲突情境。例如，有些学生在选择恋爱对象时，同时对两个异性有好感，但只能选择其中的一个而放弃另外一个，这时就发生了双趋冲突。双避冲突是指人在同时遇到两个具有相同威胁性的目标时，两者都想躲避，但因条件所限只能躲避其一而产生的冲突情境。比如在发生火灾时，由于时间有限，只能选择抢救家人或抢救物品，这时就发生了双避冲突。趋避冲突是指人在面对同一目标时产生矛盾心态的冲突情况，即这一目标既具有吸引力，能够满足某些需要，又具有威胁力，对个体本身造成不利。比如考试时，有些学生为了考高分或避免考试不及格而作弊，但又怕被监考老师发现受到处分，这时就发生了趋避冲突。多重趋避冲突是指人同时遇到两个或两个以上的目标，而每一个目标又同时存在趋避冲突的冲突情况。

大学生正处于人生发展的关键时期。进入大学以后，他们处在一个全新的环境中。他们一方面具有精力充沛、思想活跃、自我意识强、发展欲望强烈、需求广泛而执着、个人的理想抱负水平普遍较高的特点；另一方面也具有人格发展尚不够成熟、社会阅历浅、挫折经验不足的特点。大学是一个竞争激烈且较为复杂的环境，所以大学生在面对繁重学业、考试压力、人际关系不和谐等问题时容易产生挫折感。同时，大学生普遍自视甚高，有强烈的自尊心，争强好胜和追求完美是大学生的普遍特点。例如，大学生的自身条件和能力与自我期望之间的矛盾也会造成挫折感。许多大学生由于过于自信，过高地估计自己的能力，对自我发展的预期和要求不从客观实际情况出发，而从主观愿望出发，常常对自己提出不切实际的要求，为自己制订过高甚至无法达到的目标和计划。而当这些目标和计划因为能力不及无法实现，而自己又不能清醒地认识到这一点时，就会产生强烈的挫折感。因此，大学生遭遇挫折是在所难免的，也是普遍存在的，甚至遭遇挫折的频率与其他群体相比要更高一些。

二、大学生的挫折反应

不同年龄段和不同类型的人在面对挫折时也有不同的特点，大学生在面对挫折时具有鲜明的特点。大学采用集体生活的生活方式，很多大学生第一次离开家独立生活，在面对生活压力的同时又面临着巨大的学习压力。在激烈的竞争中，大学生容易遇到人际交往、个人发展、生活习惯、经济等方面的挫折。大学是为未来职业生涯打基础的阶段，随着高年级学生对就业问题的日渐关注，他们在求职择业的过程中也更容易出现求职、择业、就业和生活适应等方面的挫折，而不同的人即使在面对相同的挫折时也会有不同的挫折反应。大学生正处于青春期的中后期，这一时期是自我意识形成的关键时期，也是性发育日趋成熟的时期，容易遇到自我认识、自我定位、性心理、恋爱等方面的挫折。大学生在面对挫折时，主要有两方面反应。

（一）情绪性反应

情绪性反应指人们在受到挫折时伴随着强烈的紧张、愤怒、焦虑等情绪所做出的反应，可能表现为强烈的内心体验，也可能表现为特定的表情或行为。情绪性反应多为消极性反应，主要表现为焦虑、冷漠、退行、幻想、逃避、固执、攻击、自杀等。

1. 焦虑

焦虑是一种模糊的、紧张不安的综合性负面情绪，常常伴随焦急、恐惧等感受，甚至可能出现出冷汗、恶心、心悸、手颤、失眠等神经性生理反应。人们在面临心理冲突、情境压力、挫折、预感到不良后果将要发生或者感到需要付出努力的情境将要来临又感到没有把握去阻止和解决时，一般都会产生焦虑情绪。挫折是引起焦虑的主要方面，人们在遇到挫折时一般都会表现出某种程度的焦虑。

2. 冷漠

冷漠是指当一个人遇到挫折时，表现出的一种无动于衷或漠不关心的态度，这是一种复杂的挫折反应。表面上看，冷漠似乎逆来顺受，毫无情绪反应，而事实上并不意味着当事人没有反应，而是更加痛苦的内心体验，被压抑或以间接的形式表现出来。一般情况下，冷漠反应的产生原因是一个人长期遭受挫折或感到没有任何希望摆脱或消除困境。

3. 退行

退行是指人在受到挫折时所表现出的与自己年龄和身份不相称的幼稚行为。一般来说，不同年龄阶段的人各有其不同的情绪反应和行为模式。随着年龄的增长，在社会生活的影响下，人们的情绪反应和行为方式都会日益成熟，人们逐渐学会控制自己，做出与自己年龄和身份相符的情绪反应和行为表现。但有些人在遇到挫折时，会失去对自己的控制，以低于自己年龄和身份的简单、幼稚的方式应对以求得别人（有时是自己）的同情和照顾。而这种情况当事人自己常常是不能清醒地意识到的。

4. 幻想

幻想是指一个人在遇到挫折时企图以自己想象的虚幻情境来应对挫折的一种挫折反应方式。任何人都有幻想。通过幻想，人们可以暂时脱离现实，在自己想象的情境中满足一些自己的需要和欲望，使人们产生一种愉快和满足的感觉。大学生正处在多幻想的年龄段，所以他们在面对挫折时，常采用暂时的幻想，从而在一定程度上缓冲挫折情绪。偶尔幻想是正常的，但如果长期用幻想来应对现实中的挫折或养成了从幻想中实现现实生活中实现不了的目标的习惯，就会使人降低对现实生活的适应能力，严重脱离现实生活，甚至可能出现精神疾病。

5. 逃避

逃避是指一个人在遇到挫折或感到可能面临挫折时，不正视挫折，而是以消极的态度躲避现实的一种挫折反应方式。逃避虽然可以使人暂时降低因挫折而产生的紧张感，或者避免因再次遭受挫折而受到的伤害，但当事人的现实问题并没有得到解决，并且有些问题又是不能回避的，所以逃避常常使人害怕困难、不思进取。长期下去会大大降低人们的适应能力和自信心，甚至可能会导致适应不良。人们逃避挫折的方式多种多样，幻想也可以看作一种典型的、特殊的逃避方式。

6. 固执

固执是指一个人在受到挫折后，采取刻板的方式，盲目、反复地进行某种单调的、机械的无效动作，尽管知道这些动作对目标的达成、需要的满足并无帮助。通常，固执是一个人在反复遭受挫折而又一时无法克服或回避的情况下产生的。过多、过严的惩罚和指责，或者当人处于惊慌失措的状态时也容易产生固执行为。固执行为的特点是呆板、无弹性，具有很大的强制性。因为固执是在人们遇到挫折后感到无能为力和不知所措时产生的反应方式，所以这种挫折反应方式并不是不可改变的。人们一旦获得了更适当的反应方式，就会取代固执行为。

7. 攻击

攻击是指当一个人受到挫折时，为了将愤怒的情绪发泄出去，或者对构成挫折的对象进行报复而产生的行为。攻击行为的对象可能是构成挫折的人或物，也可能是其他替代物，还有可能是受挫者自身。攻击行为的表现形式多种多样，一般分为直接攻击和转向攻击两种。直接攻击是指受挫者将愤怒的情绪直接指向构成挫折的人或物上，通过动作、表情、言语、文字等形式表现出来。转向攻击是指受挫者感到引起挫折的真正对象不能直接攻击、不便攻击，或者挫折的来源无法确定时，将愤怒的情绪发泄到其他人或物上的一种变相的攻击方式。

8. 自杀

自杀是一个人遭受挫折后的一种极端反应方式，也可以看作受挫后针对自身的一种典型的、特殊的攻击行为。当一个人受到突然而沉重的挫折打击，或者长期受到挫折的困扰和折磨，使受挫者感到万念俱灰不能自拔时，受挫者就可能产生自暴自弃、轻生厌世的想法，此时若得不到外力的帮助，受挫者就可能自杀。通常，自杀行为是在挫折的打击大大超出受挫者对挫折的承受能力的情况下发生的，特别是当受挫者将受挫的原因归结为自己，并对自己丧失信心，将自己作为迁怒的对象时，更易出现自杀行为。大学生是同龄人中的佼佼者，成长过程一般都比较顺利，很少遇到大的挫折，他们对挫折的承受能力普遍较低。同时，大学生一般都自视甚高、自尊心强，所以当他们受到挫折，甚至有时是很小的挫折时，也会产生自杀行为。

（二）理智性反应

理智性反应是指人们在受到挫折后采取积极进取的态度，在理智的控制下做出的反应。通常，人们在遭受挫折后都会出现紧张状态，都会在某种程度上做出某种情绪性反应，有些人始终被情绪所控制不能摆脱，而有些人则能够及时调整、保持冷静、面对现实、审时度势、采取积极的态度和方式对待挫折。理智性反应的主要表现有三种。

1. 坚持目标，逆境奋起

有这种表现的人在遭受挫折后，会进行客观冷静的分析，如果发现自己所追求的目标是现实的和正确的，虽然暂时遇到了挫折，但这些挫折经过努力是可以克服和逾越的，他们就会设法排除障碍、克服困难，坚持不懈地朝着既定目标矢志不渝的迈进，直至最终实现自己的愿望和目标。

2. 调整目标，循序渐进

有这种表现的人在遭受挫折后，如果发现失败是自身条件不足、社会因素的限制，或当前条件不满足而导致的，他们会冷静下来，认真客观地分析，根据实际情况对自己的奋斗目标进行适当的调整。对于不符合自己当前实际情况或不具备实现条件的目标适当降低标准或将目标分成几个阶段性目标，适当变换实现目标的途径和方法，循序渐进，不断努力，逐步获得成功。若发现原定的目标是无法实现的，则可以更换目标，寻找新的能够实现的目标取而代之，同样可以达到满足自身需要的目的。

3. 改变个性，适应变化

有这种表现的人所受到的挫折不是暂时的，而是长期持续并相对稳定的。这时受挫者产生的紧张状态和挫折反应就会反复出现，在这个过程中给受挫者带来了久远的影响，甚至是个性的形成与发展方面的影响。在长期的挫折反应中，个体的反应方式会逐渐固定下来，逐渐形成一些习惯或适应挫折的个性特征，但所形成的个性特征中不仅有积极的，有时也可能有消极的特征。

大学生在成长过程中经常遇到各种各样的困难和挫折，大学生应学会用积极的方式去应对。在应对的过程中，大学生的意志力会在实践中不断提高，在面对挫折时会更加顽强，从而激发拼搏精神和敢于面对挫折的勇气。

第三节　大学生压力管理与挫折应对

毛毛虫变蝴蝶、丑小鸭变白天鹅并不是童话故事，而是生命必经的一段历练过程。正是这种历练过程让它们得以蜕变，成就了它们自身的美丽。对于大学生而言，压力与挫折或许正是他们成长路上的必修课，重要的是一个人应如何面对。正如巴尔扎克所言："苦难对于天才而言是一块垫脚石，对于能干的人而言是一笔财富，对于弱者而言是一个万丈深渊。"

一、压力管理的方法与技巧

大学生在挫折和压力的影响下会产生一系列生理和心理上的反应。这些反应在一定程度上是有机体主动适应环境变化的需要，它能够唤起和激发个体的潜能，增强心理承受能力和抗压能力。但是，如果压力引起的身心反应过于强烈和持久，就会大大消耗体内的能量，使个体的免疫机能下降，从而影响机体组织器官的正常功能。所以，大学生在遭遇压力和挫折时，要学会调适自己，把压力和挫折转化为动力。

（一）正确认识和勇敢应对压力

大学生对压力有一个正确的态度是调适的关键。首先，压力是生活中必不可少的一个组成部分，是我们生活的伴侣，不可避免，我们要学会坦然地接受它。其次，每个人在成长的道路上，压力普遍存在并具有双重性。压力及其反应并不是"有百害而无一利的"，适度的压力有助于发挥人的潜能。可以说，正是一个个压力促使个体不断地发展、成熟。因此，不要抱怨压力，要学会接受压力，要对已经出现的和将要出现的压力做好准备。最后，要勇于面对压力。压力是逃避不了的，处理压力最有效的方法就是勇敢面对。因此，每一个大学生都应该了解自己在压力情境下的应对方式，学习他人有效处理压力的策略，当心理压力出现时，勇敢地正视它，从而使自己在战胜一个个压力的过程中积累经验，不断地强大起来。应对的过程就是个体在面临压力时为减轻其负面影响而做出的认知和行为的努力过程，也是个人在压力状态下进行自我调节的努力过程，能对身心健康的保护起重要作用。

（二）寻求社会支持

人类天生就是社会性动物，任何人都不能离开他人独立生存。人与人之间是需要互相关心、互相帮助、互相爱护的，这是一种社会支持，它可以调适个体的压力反应。研究发现，社会支持可以降低压力对大学生的消极影响，并且降低诸如头痛、消化不良、高血压等疾病的发生率。因此，对于大学生而言，在面对心理压力时，主动寻求社会支持是非常有益的。这就要求在生活中，每一名大学生都能积极构建自己的社会支持网。社会支持包括家庭、朋友、同学、社会组织、学生社团、老师等。就一般的生活状态而言，这些社会支持能够满足个体安全、自尊、归属的需要。当大学生面对心理压力时，可以找朋友或亲人诉说，从而寻求他们的支持。这里的支持既可以是感情上的支持，比如同情、理解、照顾；也可以是物质上的支持，包括金钱或其他物质上的帮助；还可以是信息上的支持，主要指别人给予的忠告和指导。这一切，对于减轻心理压力而言都十分的重要。

（三）学会放松自己

大学生面对心理压力时最常见的表现是心理和肌肉的紧张。因此，调适压力的一个重要策略就是要学会放松自己，让自己的身体或心理由紧张状态转向松弛状态，从而逐渐消除紧张。常用的放松方法有游泳、做操、散步、听音乐等。当压力事件不断涌现时，持续数分钟的放松对缓解压力有显著的效果。另外，还可以学习压力应对技术，这是一种通过机体主动放松增强自我控制能力的方法，它可以降低机体唤醒水平、增强适应能力、调节压力反应造成的心理和生理功能的紊乱。自我放松的应对技术有很多，如深度呼吸训练、肌肉放松训练、静坐训练、意向训练、系统脱敏训练等。

（四）丰富课余生活

大学生的课余生活占大学生活的四分之一，健康的课余生活可以愉悦身心、获得朋友、增进友谊、减少因压力而导致的紧张感。课余生活种类很多，如阅读书籍、报刊，参加各种学术、社会活动，参加志愿者服务活动，等等。丰富的课余生活既锻炼了能力、拓宽了知识面，又在一定程度上增强了个体应对压力的信心和勇气。尤其是要多参加体育锻炼活动，体育锻炼能使大学生身体健壮、精力充沛、应对能力增强，因此体育锻炼可以明显地减轻压力。而且，由于体育锻炼能使个体暂时与压力情境分离，给大学生提供了一个调整的机会，可以增进他们对问题的反思，从而寻求解决问题的最佳策略。但体育锻炼要适度，过度的体育锻炼不但不会减轻心理压力，其本身也会成为新的压力源。

二、意志力与挫折承受能力的培养

（一）大学生意志力的培养

意志是指人自觉地确定目的，并根据目的调节支配自身的行动、克服困难、实现预定目标的心理过程。意志是人意识能动性的集中体现，是人类特有的心理现象。意志过程包括两个阶段：一是制订行动计划的阶段，这一阶段表现为动机的取舍和调整、克服动机冲突、确定行动目标、选择有效的方法和策略制订切实可行的行动计划；二是执行决策计划阶段，这一阶段表现为克服内外困难、冲破种种阻力、执行决定，并根据失败挫折不断总结经验教训、调整计划、坚持行动，最终实现计划，达到目标。

大学生要想培养良好的意志品质，主要应从以下四个方面入手。

1. 自觉性的培养

自觉性是指人的行动有明确的目的，尤其是能充分地意识到行动结果的社会意义，使自己的行动服从社会利益、集体利益的一种品质。具有自觉性的人能够自觉地、独立地、主动地控制和调节自己的行动，为实现预定的目的倾注全部的热情和力量，即使在遇到障碍和危险时，也能百折不挠、排除万难、勇往直前。

2. 果断性的培养

果断性是指人明辨是非，适时地做出决定和执行决定的品质。适时是指：在需要立即行动时当机立断、毫不犹豫，甚至在危及生命时也敢作敢为、大义凛然；在不需要立即行动或情况发生改变时，又能立即停止执行，或改变已做出的决定。果断性以勇敢和深思熟虑为前提条件，是个人的聪敏、学识、机智的结合。

3. 坚韧性的培养

坚韧性是指人在意志行动中坚持决定，以充沛的精力和坚韧的毅力，百折不挠地克服一切困难，实现预定目标的品质。长期坚持决定是意志力顽强的表现。具有坚韧性的人，善于抵制不符合行动目的的主客观诱因的干扰，不仅能顺利完成难度较低且感兴趣的工作，也能坚持完成难度较高且枯燥无味的工作。具有坚韧性的人从不半途而废，会一直坚持直到完成所有工作，且往往能够获得优异的成绩。

4. 自制性的培养

自制性是指人在意志行动中控制自己的情绪、约束自己言行的品质。大学生只有经过努力学习，树立远大的生活目标，利用日常生活中的各种困难，刻苦锻炼自己，自觉地控制自己才能成为具有坚强意志品质的人。

（二）大学生挫折承受能力的培养

挫折是具有两重性的，挫折既可以对人产生消极的影响，又可以对人产生积极的作用。挫折可能会影响个体实现目标的积极性，降低个体的创造性思维水平，损害个体的身心健康，也可能增强个体情绪反应的力量，增强个体的容忍力，提高个体对挫折的认识水平。因此，应辩证地看待挫折的两重性，将不利因素转变为有利因素，化消极因素为积极因素，让挫折发挥促进成长的积极作用。挫折承受能力是指人们在遇到挫折时，能够忍受和排解挫折的程度。挫折承受能力包括挫折耐受力和挫折排解力两个方面。挫折耐受力是指人们在受到挫折时，经受住挫折的打击和压力，保持心理和行为正常的能力。挫折排解力是指人们在受到挫折后，对挫折进行直接的调整和转变，积极改善挫折情境，解脱挫折状态的能力。

大学生可以通过构建心理防御机制培养挫折承受能力。心理防御机制是指人在挫折发生后，心理活动中所具备的有意或无意地摆脱挫折造成的心理压力、减少精神痛苦、维护正常情绪、平衡心理的种种自我保护方式。心理防御机制又分为积极的心理防御机制和消极的心理防御机制。

积极的心理防御机制可以缓解受挫后的心理压力，调整好心理和能力状态，赢得战胜挫折的时机。常见的积极心理防御机制有以下几种。

（1）认同

认同是指一个人在遭遇挫折而痛苦时效仿他人获得成功的经验和方法，使自己的思想、信仰、目标和言行更适应环境的要求，从而在主观上增强自己获得成功的信念。

（2）升华

升华是指将不为社会认可的动机、欲求转向崇高的方向，使之具有创造性、建设性。一个人在遇到挫折后，将自己不为社会所认可的动机或需要转变为符合社会认可的动机和需要，或将低层次的行为转向有建设性、有利于社会和自身的较高层次的行为即为升华。升华不但转移或实现了原有的情感，而且创造了积极的价值。

（3）补偿

补偿是指当主观条件的限制和阻碍使个人目标无法实现时，设法以新的目标代替原有目标，以现有的成功体验去弥补失败的痛苦。补偿有积极性补偿也有消极性补偿，比如：一些大学生失恋后，把精力投入学业上，刻苦学习，用好成绩来补偿情感的受挫，这就属于积极性补偿；有些人丢失钱财后以偷别人东西的方式来补偿，这就属于消极性补偿。

（4）幽默

幽默是指当遇到挫折、处境困难或尴尬时，用幽默的方式来化解，以此维护自己的心理平衡。幽默不仅是一种聪明的做法，也是心理素质较高的表现。

当然，大学生中也存在不能正确排解挫折的现象，这就容易形成消极的心理防御机制，从而造成各种各样的心理问题，这不仅不利于大学生的心理健康，还会使大学生的心理退化，形成消极、退缩的心理特征，甚至导致心理疾病。常见的消极心理防御机制主要有以下几种。

（1）文饰

文饰又叫"合理化"，是一种援引合理的理由和事实来解释遭受的挫折以减轻或消除心理困扰的方式。它的表现形式可概括为"找借口""酸葡萄效应"等。文饰的"理由"往往不是真实的，有自我欺骗和自我麻痹的作用，会影响大学生实事求是地面对现实并做出积极改变。

（2）潜抑

潜抑是指人在受到挫折后，把意识所不能接受的、使自身感到困扰或痛苦的思想、欲望或体验压抑到潜意识中，不再想起，不去回忆，主动遗忘以保持内心的安宁，从而使自己避免痛苦。在这种遗忘中，被潜抑的东西实际并没有消失，而是在不知不觉中影响着人们的日常心理和行为。一些表现出来的心理异常、心理疾病往往是潜抑过甚所导致的。

（3）投射（推诿）

投射是指把自己的不当行为、失误或内心存在的不良动机和思想观念、欲望转移到别人身上，说别人也是如此，以此来减轻自己的内疚和焦虑，逃避心理上的不安。例如，大学生中有的人很自私，却说人人都自私，说"人不为己，天诛地灭"等。

（4）反向

反向是指为了防止自认为不好的动机外露，而采取与动机方向相反的行为,以掩盖自己的本意,避免或减轻心理应激。反向行为的掩饰性包含着压抑,长期运用会扭曲自我意识,使动机与行为脱节,造成心理失常,这是一种"矫枉过正"的心理防御机制。例如,有些学生内心很自卑,却总是以自高自大、傲慢不羁的表现来掩盖自己的弱点。

（三）意志力及其与挫折承受力的关系

意志力是指人们为达到既定目的而自觉努力的意志品质。意志品质是一个人在生活中形成的比较稳定的意志特征,是个性的重要组成部分。人的意志力不是与生俱来的,而是在社会实践活动中逐渐培养锻炼出来的。

在遇到挫折时,意志力强的人能够自觉控制和调节自己的心理和行为,面对现实,找出失败的原因,施展所有的本领应对困难,善始善终地将计划执行到底,直至目标实现。此外,他们对挫折的适应能力、承受能力都比较强,能将挫折进一步转化为促进目标实现的积极因素,以进一步增进自己的自信心。意志薄弱的人往往缺少信心和主见,对自我的控制和约束力较差。在遇到挫折时,他们容易改变行为的方向、回避现实、采取消极的应对方式,其结果不仅严重影响既定目标的实现,同时还进一步降低他们的自信心和对挫折的承受能力与适应能力,甚至使人意志消沉并出现精神障碍。

（四）大学生挫折的自我调节机制

我们常常能在社会新闻中看到一些极端的案例,有的大学生因为父母的溺爱,无形中养成了不能忍受挫折的负面性格,甚至一有不如意,就做出偏激的反应。在挫折情境中,许多不理智的反应、不正确的行动都与缺乏对挫折的正确认识有关。大学生要想培养挫折承受力,首先要提高心理复原力。心理复原力是指个人面对逆境、创伤、悲剧、威胁或其他重大压力的良好适应过程,也就是对困难经历的反弹能力。复原力有三个基本能力:一是接受并挑战现实的能力;二是在危难时刻寻找生活真谛的能力;三是随机应变想出解决办法的能力。其次要学会培养乐观品质。乐观,是一种积极的性格因素。乐观就是无论在什么情况下,即使在再差的情况中也保持良好的心态,也相信坏事情总会过去,相信阳光总会再来的心境。乐观的人不为环境所困,总能看到生命中那些美好的、值得关注的一面。

大学生要学会自我调节，要在自我意识的作用下，发挥自身的主观能动性和内在潜力实现自我调节。任何的自我调节活动，必然要有自我认知、自我体验、自我监控参与其中。自我调节是大学生根据自己所掌握的心理学知识和生活经验，对自己心理发展过程中所产生的心理困扰进行干预的过程，从而促使挫折带来的不良情绪得以解脱，保持心理健康发展。

1. 完善自我

（1）要自我分析，达到自我同一

根据自我意识的发展特点，自我分析是看本人的自我是否已具备了生理我、心理我、社会我三种成分，三者是否达到了统一。自己的自我感觉怎样，是否有能力改善自己。只有通过自我分析才可以清楚地达到自我认识并感受自我体验，最终做出可能进步的调整。

（2）正确认识自我

一个人真正伟大之处，在于他能够正确认识自我，深刻了解自我，如知道自己的优点、缺点，以及潜能；还在于他能客观地评价自我，如学会正确地认识社会、认识人生，积极地获取信息进行分析、比较，将现实自我与过去自我、理想自我进行比较，扬长避短；更在于他能经常反省自我，敢于面对客观的自我，严于解剖自己，敢于批评自我。

2. 调节情绪

矛盾和冲突的消除，需要大学生有较高的心理调节水平，即有对自己的心理状况进行调节的能力。这是一个以调节为手段，从痛到通的过程。由挫折带来的痛，表现在心理矛盾、认同危机及自我意识发展的缺陷、困惑等方面，它是心理受挫的具体体现。要消除痛就要用通的方法，这就是调节，它包括生理调节和心理调节的方法和行为控制。因此，调节情绪是一个痛为症状、通为目标、调为手段的有机统一的过程。受挫后的大学生常采用的情绪调节法有以下几种。

第一，音乐调节法。音乐对人的精神状态有神奇的调节作用。

第二，书籍调节法。有益的书籍会使人的灵魂得到净化、升华，冲淡人们心中的烦恼，给人以力量和勇气。

第三，情趣调节法。人的情趣来自生活中对美的感受、对生活的热爱，做到这两点，情趣自然会来到你身边。常用的情趣调节法有郊游、听喜欢的歌曲、下棋、练书法、绘画等。

3. 调整心态

调整心态的步骤一般包括以下几个环节。①是什么。确定自我心理的困扰是由哪种类型的挫折引发的。②为什么。寻找困扰产生的原因，从主客观两方面分析这种或几种挫折出现的原因。③怎么办。采取合理有效的应对策略。④怎么样。监督、巩固心理调适的成效。要注意的是，认识到心理问题而不去行动并不能解决问题。要做自己的主人，进行自我观察、自我管理、自我调整、自我监督。

4. 总结经验

要正确认识挫折的双重性，树立积极乐观的应对态度。挫折是人生的重要组成部分，是人生的必然。挫折不仅使我们获得了宝贵的经验教训，也使我们的生活更加丰富多彩、富有意义。

5. 放松调节法

挫折带来了紧张焦虑情绪，随之而来的生理症状也很明显，而通过对身体各部分的主要肌肉系统进行放松练习，则可以抑制这些伴随紧张出现的生理反应，从而减轻心理上的压力和紧张焦虑的情绪。放松调节法的方式很多，如选择一个安静而不受干扰的地方，躺着或坐着均可，闭眼，将注意力集中到与挫折情境无关的另一情境中。放松调节法有助于克服紧张、焦虑、烦躁的情绪。

6. 转换视角

任何事物都是发展变化的，在实施目标的过程中，由于受到主客观原因的影响，原来制定的目标无法实现，或原来的目标已不适合目前形势的要求，大环境改变之后，如果按原计划进行，势必受到环境的阻碍。此时，应重新考虑确立目标之事。一是改变策略，从近处着手，脚踏实地。当一种动机经一再努力尝试仍无法成功，达不到预定目标时，个体需要调整目标、转换策略，使目标与自己现有的条件差距小一些，使其经过努力能够实现，这样会减少挫折情境和挫折感的产生。二是审时度势，当机立断，善于调整。这是每一个大学生从失败和挫折走向成功的必经之路。在实现目标的过程中，要选择最适合自己的最佳行动路线和策略。因为每个大学生不可能只有一个奋斗目标，况且每一个目标也未必就只有一个标准。既然我们的自身条件、学习环境、人际环境、生活环境、社会环境等各种人生要素都在不断变化，那么就必须学会变通。

7. 倾诉

倾诉是完全说出心里的话，是用语言宣泄自己的方法。宣泄的心理实质就是将聚积的情绪通过言语或行为进行代偿性的输出，是一种较快达到心理平衡、心理净化的手段。大学生在遭遇挫折后，可以将聚积于心的所有痛苦、委屈、困扰、愤慨等一股脑地向周围的人倾诉出来。倾诉是朋友之间最常用的宣泄形式，也是应对挫折、促进良好适应的较好方法。

第九章　大学生生涯规划

第一节　生涯规划概述

一、生涯规划的内涵

生涯，也就是人生的发展道路，指一个人一生的发展过程，也指一个人一生中所扮演的系列角色与职位的总和。人的生命有两个端点：出生和死亡。生涯使我们的人生更富有意义，简而言之就是指"过一辈子"。美国学者舒伯认为："生涯就是终其一生，不同时期不同角色的组合。"规划，是指进行比较全面的长远的发展计划，是对未来的整体性、长期性和基本性问题的思考，设计未来的整套行动方案。

职业生涯规划，简称生涯规划，又叫职业生涯设计，是指个人结合自身情况及眼前制约因素，在对职业生涯的主客观条件进行测定、分析和总结的基础上，对自己的兴趣、爱好、能力、特点进行综合分析与权衡，结合时代特点，根据自己的职业倾向，为自己实现职业目标而确定的最佳的行动方向、行动时间和行动方案。

从意义上说，生涯规划的目的不仅仅是帮助大学生根据自己的条件找到一份适合的工作，更重要的是帮助大学生了解自己，为自己明确方向、筹划未来。它一方面是当前社会发展的内在要求，另一方面也有利于大学生发掘自身潜能，鞭策自己取得更大进步。从内容上说，生涯规划包括对学习、爱情、家庭生活和职业等的预先设计。从阶段上说，大学期间分为四个规划周期：一年级试探期、二年级定向期、三年级冲刺期和四年级分化期。

二、生涯规划的理论

（一）职业生涯发展的四阶段理论

职业生涯发展的四阶段理论以人的生理成长阶段来区分职业生涯的发展阶段，目前比较一致的看法是把职业生涯的发展划分为以下四个阶段。

1. 探索和尝试阶段 —— 职业生涯的初期

这个阶段通常发生在 15 岁至 25 岁。在青少年时期，人们通过家人、朋友、老师的认同及与他们之间的互动，逐渐形成自我的概念。但对于大多数人而言，在经过了一段时期的集中学习之后，开始认真对待找工作、成为雇员这个问题，职业生涯的第一阶段也就开始了。而大学生正处于这一个阶段。在这个学习的阶段，包含了很多的"第一"，如第一次面试、第一份兼职、第一份全职等。这个阶段也会让人感受到工作带来的挑战。

2. 学习和进步阶段 —— 职业生涯的高峰期

这个阶段发生在 25 岁至 35 岁，是人们工作生命周期的核心部分。人们在这时开始了第一份真正意义上的工作，会经历成功、失败、晋升或是调离。在这个阶段，很多人开始了从上个阶段的自己想要什么到自己需要什么的转变，同时也衡量并发展自己的职业规划，开始确定一个专门的领域，期望取得长久的成功。

3. 稳定与转折阶段 —— 职业生涯的中期

这个阶段发生在 35 岁至 50 岁。在这个阶段，大多数人一般都已经在自己的工作领域中拥有了一席之地，但同时也有三个发展方向：向上发展、向下发展和水平发展。如果向上发展，个人会被单位赏识、获得提升，要承担更大责任；如果水平发展，个人将被调离，虽安全，但也不会有提升希望；如果向下发展，那么个人在组织里会显得多余，没有安全感，此时可以考虑换个工作环境，或者不断提升自己。

4. 引退阶段 —— 职业生涯的后期

这个阶段发生在 50 岁到退休之间。对于前一阶段处于向上发展的人来说，这个阶段意味着职业生涯的顶峰。个人的价值体现在他的判断和经验及与他人分享其知识的能力。同时，他们也是下一代管理者的向导与教练。

根据这一理论划分，大学生正处在探索和尝试阶段。在这个时期，大学生的能力迅速提高，兴趣逐渐稳定，许多大学生需要对自己未来的职业生涯做出关键性的决策。在这段时间，大学生应培养自己的职业兴趣，积累相应的社会工作经验，尽可能地实现人力资本、兴趣和职业的匹配，有针对性地进行生涯规划。

（二）职业锚

职业锚是个人在工作中依循需要、动机和价值观，经过不断搜索所确定的长期职业贡献区域和职业定位，是人们选择和发展职业时围绕的中心。职业锚是生涯设计的关键，也是生涯设计最重要的一点。施恩根据自己多年研究，提出以下五种职业锚。

1. 技术型职业锚

具有较强的技术或功能型职业锚的人往往倾向于选择那些能够保证自己在既定的技术领域不断发展的职业，他们往往不愿意选择带有一般管理性质的职业。

2. 管理型职业锚

具有管理型职业锚的人通常认为自己具备分析能力、人际沟通能力、情感能力，在人际危机面前，不易受困扰，在较高的责任压力下不易不知所措。他们表现出成为管理人员的强烈动机，承担较高责任的管理职位是这些人的最终目标。

3. 创造型职业锚

具有创造型职业锚的人有这样的需要：建立或创设某种完全属于自己的东西，如一件署有自己名字的艺术品、一家自己的公司等。

4. 自主型职业锚

自主创业正符合自主型职业锚毕业生的心理需求。他们希望自己决定自己的命运，希望摆脱在企业中工作的束缚。

5. 安全型职业锚

相当一部分的毕业生最重视的是长期稳定的职业和工作保障。相比于富有挑战性的工作、高薪的报酬，他们更倾向于可靠的未来生活，比如良好的退休计划和较高的医疗保险。

（三）心理动力论

心理动力论是心理学家鲍丁、纳奇曼、西格尔等人，以精神分析理论为基础，吸取了特质因素理论和心理咨询的一些概念和技术，对职业团体进行大量研究，于 20 世纪 60 年代后期提出的。该理论强调个人内在动力和需要等动机因素在个人职业选择过程中的重要性。

心理动力论认为职业选择是个人综合快乐原则和现实原则的结果。个人在人格与冲动的引导下，通过升华作用，选择可以满足其需要与冲动的职业。该理论认为个体职业选择的动力来源是个人早期经验及态度的发展，个体生命的前六年决定着他未来的需要模式，这种需要模式的发展受制于家庭环境。心理动力论强调发展当事人的自我概念，通过当事人个人人格重建达到职业选择，重视当事人在其职业选择过程中的自主作用。而职业辅导的根本目的是帮助个体发展良好的职业自我概念。

（四）人格－职业匹配理论

霍兰德是美国著名职业指导专家，他提出了人格－职业匹配理论。他认为学生的性格特点、学习兴趣和将来的职业密切相关。他将人的性格分为六种：现实型、研究型、艺术型、社会型、企业型和常规型。

1. 现实型

这类性格的人通常喜欢有规则的具体劳动和需要技术的工作。他们擅长技能性职业、技术性职业，但往往缺乏社交能力。他们粗犷、强壮、务实，情绪稳定，有吃苦精神，生活上追求平安、幸福、不激进，倾向于简单地看待事物和世界。这类人适合需要用手工工具或是机器进行工作的手工工作和技术工作。

2. 研究型

这类性格的人喜欢智力的、抽象的、分析的、独立的定向任务。他们喜欢独立，不愿受人督促，对自己的学识与能力充满自信；擅长解决抽象问题，尊重客观事实而不愿接受传统观念；具有创造精神，不喜欢做重复工作，但往往缺乏领导能力。这类人适合科学研究和实验工作。

3. 艺术型

这类性格的人喜欢通过艺术作品表达自己的思考和情感。他们爱想象，感情丰富，不顺从，有创造力，习惯于自省，擅长艺术、文学方面的工作，但往往缺乏办事的能力。这类人适合艺术创作工作（音乐、摄影、绘画、文艺表演等）。

4. 社会型

这类性格的人喜欢社会交往，喜欢有组织的工作，喜欢能让他们发挥社会作用的工作，喜欢讨论世界观、人生观、价值观等问题。他们关心他人利益，关注社会问题，愿为团体活动工作，对教育活动感兴趣，但往往缺乏机械能力。社会型的职业主要指为大众服务的工作（教师、医生、服务员、社团工作者等）。

5. 企业型

这类性格的人喜欢竞争，乐于使他们的言行对团体行为产生影响。他们自信心强，善于说服别人，喜欢加入各种社会团体，喜欢权力、地位和财富，性格外倾，爱冒险，喜欢担任领导角色，具有支配和使用语言的技能，但缺乏耐性和科研能力。这类人擅长管理、销售等工作。

6. 常规型

这类性格的人喜欢有系统、有条理的工作，具有安分守己、务实、友善和服从的特点。此类人适宜从事文件档案管理、出纳员、会计、秘书等工作。

一般而言，具有六种典型的职业个性的人是极少数的，多数人的职业个性具有多重性，是这六种典型个性的交叉。

第二节 大学生生涯规划中的心理误区与心理困扰

一、大学生生涯规划中的心理误区

心理误区是指人们在心理上，尤其是认识上陷入无出路的境地而又不能自拔，且本人对此缺乏意识的状态。大学生涉世不深、经验不足、自我期望过高，面对复杂的就业环境，难免因心理矛盾的积累而不适应，从而出现心理误区。大学生生涯规划中常见的心理误区有以下几点。

（一）职业期望过高

"眼高手低"的现象在大学生中比较普遍。大学生有理想、有梦想，渴望高薪、高社会地位和高生活质量的工作，但是求职过程中的许多因素是他们不能控制的，导致大学生的期望不符合现实。如果期望值过高，难免在生涯规划的过程中，做出有偏差的判断。

（二）职业准备不足

职业准备分为两部分，一是能力的准备，二是心理的准备。一方面，大学生在学校里学习的更多的是书本上的理论知识，在专业素养、沟通、合作等职场能力方面普遍不足；另一方面，大学生对以后可能的工作现实、择业受挫等，并没有充分的了解与评估，存在心理准备不足的情况。

（三）自我认知模糊

除对职业缺乏理性的认识外，不少大学生对自己也没有清晰的了解。主要表现在三个方面。①不了解自我、自我评价过低或自我评价过高。很多大学生不知道自己喜欢做什么、适合做什么、擅长做什么，对学习没有明确的目标。②自我评价过低的学生只能看到自己的劣势，产生不同程度的自卑心理，很难发挥潜能。③自我评价过高的学生看不到自己的劣势，把求职目标定得过高，挑三拣四，不能脚踏实地为目标努力。

（四）缺乏规划意识

很多大学生仍抱着"车到山前必有路"的念头，不仅没有做好专业上的准备，也没有认真进行生涯规划。前三年无计划，第四年抱佛脚，即将毕业时焦虑迷茫。很多大学生不仅没有学习生涯规划的方法，为自己未来的人生做规划，甚至连大学四年的学习计划也没有制订。

二、大学生生涯规划中的心理困扰

在大学生生涯规划中，大部分学生都存在不同程度的就业焦虑，对未来能不能找到满意的工作存在不同程度的担忧。而就业焦虑不同于其他焦虑，它会一直维持到工作确定为止，与大学生平时的学习紧密相连。而大学生除了就业焦虑这样的情绪困扰，还存在其他的心理困扰。

（一）迷惘心理

大学生面对生涯规划充满矛盾，想实现自我价值却没有做好艰苦创业的准备，渴望竞争又缺乏竞争勇气，职业目标存在理想与现实的反差，在自我认知上自信与自卑并存，这些使得部分大学生感到十分迷惘和困惑。

（二）依赖心理

有不少大学生面对职业生涯时存在的竞争勇气不足，在不确定的就业机会面前顾虑重重。在整个大学期间，没有主动关注就业市场的竞争，也没有为以后的求职做准备，他们寄希望于学校、家庭，缺乏主动性。这样的依赖心理会使自己在就业中处于劣势。

（三）消极心理

在校大学生纷纷向毕业的学长学姐打听本专业的就业状况，得到的信息都是就业形势严峻。有的大学生本身心理承受能力与自我调节能力较差，想到以后不太乐观的就业形势，情绪也因此波动较大，在生涯规划中产生悲观、怨天尤人、不思进取等消极心理。

（四）从众心理

大学生容易受社会思潮和新观念的影响，难免人云亦云。有些大学生在生涯规划中，忽视自己所学专业的特点，过分追求功利，在地域选择上也倾向于经济发达地区，一味追求那些自己并不适合，甚至还不了解的热门职业。从众心理会阻碍这些大学生在生涯规划中的个性发展。

（五）攀比心理

竞争是人类的本性。在生涯规划中，理性的竞争是有利于大学生共同进步的。但是，如果未以合适的生涯规划为目标，仅仅把攀比当作主要目标，就犯了本末倒置的错误。盲目的攀比、一味地追求在某些方面超过别人，不仅会使生涯规划的侧重点发生偏移，也会延误毕业生签约就业。

（六）急功近利心理

在新的市场经济大环境下，不少大学生过分看重经济待遇。但在现实生活中，高薪往往意味着高技术人才及高劳动投入。如果在生涯规划中把第一份工作的工资待遇目标定得过高，可能会事与愿违。

（七）患得患失心理

部分大学生在就业的过程中患得患失、当断不断、错过机遇。很多大学生没有明确的方向，期盼"鱼与熊掌兼得"，或者"捡了芝麻丢了西瓜"，犹豫的性格和模糊的方向，都会造成这样的心理状态，从而与成功失之交臂。

（八）固执狭隘心理

有些大学生在生涯规划中没有备选方案，只朝着一个限定的目标去努力，不考虑其他变动的可能性。部分大学生只看到自己所热爱专业的独特性，却没有看到各种工作都需要培养一些基本素质。在能力培养上过于狭隘，在性格上缺乏弹性，这些也会让大学生在选择工作时"画地为牢"，限制了自己的发展。

第三节 大学生能力发展

生涯规划一方面可以探索大学生的职业能力，另一方面也激励着大学生有针对性地培养自己的能力，使自身素质符合未来职业的需求。

一、大学生能力发展

一个人的能力受遗传和环境两方面的影响，遗传提供了发展能力的可能性，而环境决定了能否把这种可能性转化为现实性。大学生是可以自己把握的，要善于利用现有的条件，有意识地进行自我锻炼，培养自身的核心能力。

（一）决策能力

人的一生充满了选择，选择上的犹豫或者草率都会影响大学生找到理想的工作，因此决策能力是非常重要的。首先，要从多角度看问题、从长远角度想问题，在决策前多思考。其次，要在实践中检验自己的决策力，先在小事上锻炼自己的决策能力，有目的地要求自己当机立断。最后，要学会分析问题，掌握逻辑学的方法，学习有经验的人思考问题的思路，学会在每次决策前做利弊分析，最终选择最适合的方案。

（二）合作能力

现代社会格外注重合作。不少心高气傲的大学生刚刚走上工作岗位，就因为性格的问题制约了自己与其他人的合作。纵然他们有很多专业上的才华，但上级不赏识、同事不认可，也是徒劳。首先，大学生应认识到合作的重要性，理解在日益激烈的竞争下，孤军奋战往往很难成事，团队的力量会创造出更多的成绩。其次，大学生不妨在校期间多加入一些长期、稳定的团体，共同参与一些活动或项目，如志愿者活动或技能竞赛，在团队中体验、学习合作的方法，感受合作的乐趣。最后，要学会倾听与表达，这些沟通的能力能够帮助大学生提高合作能力。

（三）表达能力

很多大学生专业知识不错，也有对问题的独到见解，但不善于表达，因此错失了不少机会。提高表达能力在职场竞争中格外重要。首先，大学生要拥有可供表达的知识，而丰富自己的知识和阅历是第一步。其次，从"举手"开始。"举手法则"是指无论你是否已经准备好，先举手再说，这也会训练表达的勇气。最后，还可以通过一些具体的方法，如角色扮演、演讲训练、"三最"（最大声、最清晰、最迅速）训练，提高自己的表达能力。

（四）适应能力

大学是学生迈向社会的桥梁，但真正的职场生活和大学生活还是有很大不同的。大学生应珍惜大学时光，积极提高社会适应能力。首先，多观察、多体验，不要总把感受停留在过去的经验里，要留心周围环境的变化，并调整自己的行为。其次，多与人交流，多利用各种传媒渠道掌握最新信息，跟上时代的节奏。最后，多行动、少空想，充实自己的生活，真实的生活一定能教会大学生如何适应、怎样去适应。

（五）创新能力

大学生思维敏捷，接受新鲜事物的能力强，要培养创新能力。其一，全心投入。只有这样，才能不放弃努力，要花时间、花精力发展大学生的创新能力。其二，变成专家。只有在自己所在的领域拥有较强的专业性，才能宏观把握，深入理解，才能更好地进行思考与创造。其三，奖励自己的好奇。有的大学生受传统思想的影响，会把一些好奇解读为胡思乱想，这会限制发散性思维的自由，当自己对某件事情好奇的时候，不要阻止自己，要奖励自己，并且鼓励自己继续奇思妙想。其四，树立自信。不自信的人不仅不会认同自己的创造，还会限制自己挑战传统，而自信的人会鼓励自己进行头脑风暴。其五，克服失败的恐惧。创新的路上必然有失败，不用惧怕失败，要认识到这是在所难免的，要积极地面对各种可能。

二、大学生时间管理

时间管理就是用技巧、技术和工具帮助人们完成工作、实现目标。时间管理并不是要把所有事情做完，而是更有效地运用时间。大学生时间管理的目的除了要决定你该做些什么事情，另一个很重要的目的就是决定什么事情不应该做。时间管理不是完全的掌控，而是降低变动性。时间管理最重要的功能是将事先的规划作为一种提醒与指引，它在某种程度上执行了生涯规划的功能。

（一）时间管理的主要方法

1. 帕累托法则在时间管理中的运用

在有限的时间和资源下实现目标最大化，是高效管理者工作的重要原则。时间是实现目标的重要因素之一，为了高效管理好时间，我们不妨运用帕累托法则。

帕累托法则又称重要的少数、微不足道的多数，或 80 对 20 定律等，是19 世纪末 20 世纪初意大利经济学家及社会学家帕累托提出的，最初用于经济领域中的决策。这一法则是说在任何一组事物中，最重要的通常只占其中的一小部分，因此对于重要但只占少数的部分必须分配更多的资源，更注重对它的管理。在时间管理中运用帕累托法则有助于应付一长列有待完成的工作，将一大堆需要完成的工作列出优先次序，把最应优先完成的作为工作的重中之重，再各花上一段时间集中精力把它们完成。

只有这样，那些看起来可能无法一一完成的工作才能通过我们所完成的那几件重要工作得到解决，从而获得最大的收益。

2. "坐标法"在时间管理中的运用

一个人在同一时间处理两个以上的任务是极为困难的，一直保持高效更是难上加难，因此管理者应把时间花在重要的、必须做的任务上，而不是那些并非必须的事情上。

如果以"轻—重"为横坐标，"缓—急"为纵坐标，我们可以建立一个时间管理坐标体系。把各项事务放入这个坐标体系，大致可以分为四个类别：重要且紧急、重要不紧急、紧急不重要、不重要不紧急。

我们通常会把紧急的事情放在第一位，这不是管理时间的有效办法。最初，我们可能会重视事情的重要程度，做的是"重要且紧急"的事情，但应避免习惯于"紧急"状态。否则，我们会不由自主地喜欢上"到处救火"的感觉，把自己当成"救火队员"，转而去做那些"紧急不重要"的事情了。这样一来，我们就没有时间去做那些"重要不紧急"的事，而这些事往往有着更深远的影响。将大部分时间花在"重要而不紧急"的事情上，可以让我们避免掉进"嗜急成瘾"的陷阱中，更可以避免在事情变得紧急后才疲于应对。

（二）大学生优化时间的方法

上大学之后，学习时间分为好几块，不少同学也承担了学生会和社团的工作、兼职与社会实践等，这些活动和实践能够提高和锻炼我们各方面的能力，但部分学生的事务性工作非常多，基本没有集中的时间去学习专业的基础知识，有的甚至还挂了科，这是非常可惜的。这就要求大学生要学会规划自己的时间，提高学习和办事的效率。那么我们如何做到时间优化呢？

1. 分清事情的轻重缓急

每天只有 24 个小时，约 1/3 的时间要用来睡觉。因此，面对众多待实现的目标，要学会分清主次和迫切程度，安排优先级。

2. 配合自己的生物钟

每个人都有精力最充沛、注意力最集中、学习效率最高的"黄金时间"。"黄金时间"因人而异，大致分为三种类型：早上型，即早晨的精力非常充沛；晚上型，即晚上劲头十足，这种状态可持续到深夜；白天型，即只要得到必要的休息和睡眠，整个白天都能保持旺盛的精力。大学生在安排时间时应考虑自己的生物钟特点，在自己状态最好的时间段里安排最重要、最困难的功课，或思考最难解决的问题。

3. 提高单位时间的利用率

（1）采用"轮流作业"法。交叉进行不同科目、不同类型的学习内容，使大脑各部分轮流得到休息，缓解疲劳，提高学习效率。

（2）要养成全神贯注做事情的习惯。投入地去做一件事情在无形中就节省了很多时间，大大提高了办事效率。同时，还应懂得通过分工与合作来节约时间。

（3）珍惜时间，积零为整。例如，在每天晚上睡前花 10 分钟背 5 个英语单词，在去教室的路上听听外语音频，中午午休前阅读一些课外书籍。善于利用零星时间的人，能取得事半功倍的效果。寒暑假的时间也要充分利用，为自己的职业目标充电。

总之，没有不成功的人，只有不成功的职业生涯规划。在职业生涯发展的道路上，大学生要明确自己的兴趣和目标，克服生涯规划中的心理障碍，学会管理时间，发展和自己生涯规划相匹配的各种能力。只要开始，永远不晚；只要进步，总有空间；只要合理地规划未来，青春的明天就不是梦。

参考文献

[1] 廖冉，张静. 大学生团体心理辅导方案指南[M]. 北京：知识产权出版社，2013.

[2] 仲少华，蒋南牧. 新编大学生心理健康教程[M]. 上海：上海交通大学出版社，2012.

[3] 刘娟，刘燕. 大学生心理健康教育[M]. 南京：南京大学出版社，2020.

[4] 李梅，潘永亮. 大学生心理健康教育[M]. 杭州：浙江大学出版社，2014.

[5] 文书锋，胡邓、俞国良. 大学生心理健康通识[M]. 北京：中国人民大学出版社，2010.

[6] 樊富珉. 结构式团体辅导与咨询应用实例[M]. 北京：高等教育出版社，2015.

[7] 桑志芹. 大学生心理健康教程[M]. 南京：南京大学出版社，2016.

[8] 董惠娟，张爱珠. 大学生心理健康教育[M]. 西安：西安交通大学版社，2015.

[9] 朱卫国，桑志芹. 大学生心理健康教程[M]. 南京：南京大学出版社，2012.

[10] 刘艳红，廖昕，白苏好，大学生心理健康[M]. 长春：吉林大学出版社，2015.

[11] 孟然，崔正华. 大学生心理健康与素质培养[M]. 北京：首都师范大学出版社，2017.

[12] 吴少怡. 新编大学生心理健康教程[M]. 西安：西安交通大学出版社，2016.

[13] 胡月. 大学生心理健康教育[M]. 大连：大连理工大学出版社，2013.

[14] 黄小梅. 大学生心理健康教育[M]. 北京：人民邮电出版社，2014.

[15] 刘靖华. 大学生心理健康教育[M]. 北京：中国电力出版社，2013.

[16] 俞国良. 大学生心理健康[M]. 北京：北京师范大学出版社，2018.

[17] 李春茹. 悦纳·完善·成长：大学生心理健康教育[M]. 重庆：西南师范大学出版社，2017.

[18] 徐隽，徐水，张潇. 大学生心理健康教程[M]. 上海：上海交通大学出版社，
2017.

[19] 张光绪，孙彩惠，杨永宁. 大学生职业生涯发展与规划[M]. 北京：北京师范
大学出版社，2013.

[20] 田秀平. 职业生涯规划[M]. 上海：上海交通大学出版社，2014.